KB091808

나의 1인 창조 기업 성공 시대를 위하여 부모가 읽어야 할 책, 자녀들이 실천해야 할 책

나의 드라마는 해피엔딩으로 만들어 갈 것이다. 나는 그것이 '성공'이라 믿는다!

Christopher H.K Lee, 유우진 지음

맑은샘

일러두기

- 이 책은 좌측과 우측 페이지로 나뉜다.
  좌측페이지는 Chatting PART며, 우측페이지는 Blog PART이다.
- Chatting 대화 안에 Blog 페이지 번호(000P)가 삽입되어있으며
  [알파벳-숫자]는 Chatting과 Blog를 이어주는 키워드이다.

Show must go on!

차례 ▼

PART I

소개

> 밀어서 잠금해제

#1 오늘은 기분이 좋은 날······?

두 달 전 정말 잊지 못할 그 11월 12일······.

대한민국 대부분 고3들이 누구나 거쳐야 하는 가혹한 관문인 수능 시험을 치던 날이 생각난다.

몇 개월도 아니고······평생 수많은 문제집을 풀고 성적표와 등수를 방 벽에 붙이며 대학을 가려고 준비했던 시간의 마무리를 짓는 결전의 날, 그때 그 순간들은 정말 잊지 못할 것 같다.

아빠 차를 타고 아직 동이 트지 않아 깜깜한 새벽에 총알택시처럼 시험장으로 달리던 순간,

교복을 전투복처럼 입고서 무슨 행진하는 것처럼 쑥스럽게 시험장 교문 앞에 들어서며 받던 많은 사람의 응원과 초콜릿들, 왼쪽엔 도시락 가방을 오른쪽엔 책가방을 총처럼 메고 시험장 내 자리를 찾아서 앉던 그 순간······.

드디어 총과 칼을 꺼내 앉아서 언어, 수리, 영어, 사회, 제2외국어······ 정말 많은 문제와 싸웠다.

아침 일찍 시작한 시험이 해가 질 시간이 다 되어서 끝났을 때,

• 우진님과 Chris님이 입장하셨습니다. •

하이~ 안녕하세요!

하이 우진! 우리가 처음 만났을 때가 다큐멘터리 영화 《Fading Away》를 서울에서 촬영할 때였는데 벌써 4년이라는 시간이 흘렀네요. 부산대에 다니던 우진이 친구로부터 소개받아 알게 되었지요? 이 책을 읽는 분들에게 본인 소개를 간단히 해주세요.

저는 한국예술종합학교 예술경영 전공으로 2016년 올해 8월에 졸업한 유우진이라고 합니다! 이 학교 오기 전에는 부산대를 2년 다녔고, 학교를 바꿔서 한예종에 재입학해서 다녔어요. 전주에서 태어나 고향은 전북 익산이고 고등학교까지 그쪽에서 쭉 자라왔습니다. 가족은 아빠 엄마 그리고 군대 다녀온 남동생이 하나 있어요.

이제 학교도 졸업했고 바로 사회로 진출할 것인지, 학교를 더 다닐 것인지 진로에 대해 많이 고민되겠어요?

시험장에서 제출했던 핸드폰을 받아 켜고 나니까 아 이제 진짜 끝났구나, 하는 생각이 들었다. 머릿속이 백지가 된 것처럼 하얘지고 얼마나 힘든 과정이었는지……

평소 좋아하던 초콜릿도 옆자리 친구에게 다 줄 만큼, 점심 도시락을 먹는 둥 마는 둥 할 만큼 너무 긴장했던 것들이 풀리고 이제는 아무 생각도 없이 누군가에게 기대고 싶었다.

어쩌면 또 한 번 이 힘든 1년을 또 겪을지도 모른다는 두려운 생각도 잠깐 들기는 했지만, 지금은 그냥 엄마에게 그냥 '나 끝났어!' 하며 가벼운 마음으로 달려가 어리광을 부리고 아무 말도 하기 싫었다.

하지만 들려왔던 그 한 마디.

"잘 봤어?"

헉. 왜 '수고했어, 우리 딸'이라는 말보다 그런 질문이 먼저 들려오는지……. 너무 서운해서 눈물이 막 차올랐다.

네! 저는 대학 다니기 전에도 그렇고 다니면서도 이것저것 해보고 싶은 게 많았어요. 그런데 졸업을 하고 나니까 앞으로 어떻게 구체적으로 무슨 일을 하면서 살아갈지 더 고민이 많은 것 같아요. 요즘에 중고등학생들도 그렇지만, 대학을 졸업해도 회사에 다니면서도 본인들의 진로와 미래를 고민하는 사람들이 많습니다.

저는 대표님을 만나 뵙게 되고 대학 다니는 동안 많은 프로젝트에 참여하게 되었습니다. 대표님 같은 '1인 창조 기업'에 대한 진로를 생각해보기도 했지만 여기에 대해서 구체적인 정보를 얻기가 쉽지 않았어요. 그래서 이 기회에 대표님의 의견과 참고가 될만한 정보를 듣고 싶습니다.

'1인 창조 기업'이란 말이 언제부터 사용되었는지 나는 모르겠지만 영어로는 정확하게 표현이 잘 안되는 건 사실입니다. 한국말을 그대로 영어로 해석하자면 "One-Person, Small Business"라고 하겠지만 그 뜻은 그렇지 않다고 봅니다. 그리고 '진로'란 'Path' 즉 'Career Path'라고 말할 수 있는데 우리는 Path를 정하는 데에 의미를 두고 노력하지만 "Career Objective/Goal", 즉 목적지가 없다면 길은 더 멀어지고 정착하기 힘들다고 생각합니다. 그래서 우리는 시작과 끝Goal에 대해 더 신중한 준비가 되어야 한다고 봅니다.

우리는 그런 시작도 잘 모르겠는데 끝을 위해 준비한다는 말은 익숙하지 않네요⋯⋯. 그럼 대표님께서 생각하시는 '1인 창조 기업'은 어떤 건가요?

특별히 수능 날이라고 맛있는 거 먹으러 외식 간 거였는데도 아무 말도 하고 싶지 않아서 묵묵히 밥만 먹었다.

그리고 집에 돌아오니 내방과 책상 그 모든 것이 낯설게 느껴졌다.

그 전날 저녁만 해도 아빠가 '너희 누나 불쌍해……'라고 내 방문 밖에서 동생에게 했던 말을 엿듣고선 눈물을 훔쳤는데, 그리고 그렇게 시험장 갈 공부 책들을 정리한 뒤 불을 끄고 누워도 잠이 쉽게 오지 않았는데, 그 순간은 아무 생각 없이 누워 있고 싶었다. 그날은 왜 그렇게 침대가 짧게 느껴지는지!

휴, 그런 지옥 같은 시험날을 거쳐 수능시험 결과가 나오고, 내가 가고 싶어 하던 한예종 시험 결과발표가 나던 날이 스쳐 간다.

컴퓨터를 켜고 자판을 두드리며 그 결과를 확인했던 숨 막히는 순간……

얼마나 기다렸던가?

'1인 창조 기업'이란 창의성과 전문성을 갖춘 개인이 직접 운영하는 작은 규모의 회사이긴 하지만 운영방식이나 프로젝트 개발에 있어서는 큰 회사와 별다를 게 없습니다.

Chris

우진

그래도 큰 회사를 들어가기 위해서 준비하는 과정과 1인 창조 기업을 준비하는 데는 조금 다른 우선순위가 있을 거라고 생각해요. 대표님께서 1인 창조 기업 선배로서 저같이 진로의 갈림길에서 고민하는 친구들에게 조언을 해주시면 좋을 것 같아요! 그리고 누구나 취업이든 창업이든 모두 성공하고 행복했으면 하는데 어떤 장단점이 있는지 그것도 궁금합니다.

누구나 성공하고 행복할 수 있는 권리가 있어요. 어떤 진로를 택하든지 일단 결정에 대해 만족하고 책임을 지는 자세가 필요합니다. 대학을 졸업하고 무조건 나를 받아주는 직장을 다니는 것보다 나의 행복과 미래에 도움이 될 수 있는 1인 창조 기업을 위해 필요한 여러 가지 과정이나 준비에 대해 함께 알아보도록 하겠습니다.

Chris

우진

취업과 1인 창조 기업을 위해 모든 청년에게 필요한 자료가 되길 바라며 이제 막 졸업한 저에게도 자신을 돌아보고 미래를 준비하는 시간이 되었으면 합니다.

 #

수능은 그래도 조금 자신이 있었지만, 별다른 예능 경험이나 실력이 없었던 나는 정말 내가 잘 봤는지 못 봤는지도 가늠할 수 없고 어렵기만 했던 시험을 보고 초조함, 기대감, 그리고 두려움 속에서 하루를 보냈다.

그러고 나서 컴퓨터 화면이 천천히 내 시선에 초점이 맞춰지던 그 순간…….

불합격!

불합격이었다. 나는 거기 못 가는 거야!
바로 내 눈앞에 '불합격'이라는 글만 보였다.

정말 수많은 생각이 슬로우 모션처럼 스쳐 지나갔다. 가족들에게, 친구에게 어떤 변명을 해야 할까 어떤 이유가 있었을까 그리고 또 이 결과로 인해 어떤 기다림이 나를 기다리고 있을까……. 그 짧은 순간이 몇 년처럼 스쳐 갔다.

그리고 오늘, 또 하나의 합격자 발표가 있는 날이었다.
한예종 시험에 떨어지고 꿩 대신 닭이라는 생각에 차선책으로 선택해서 넣었던 부산대였다. 간절히 원하던 학교는 아니라서 그런지 그때처럼 떨리지는 않지만 왠지 또 가슴 졸이게 되었다.
지난번 한예종 시험 결과발표 때처럼 또 컴퓨터를 켜고 자판을 두드

커피타임 잠깐의 내 생각

현재 나의 가장 큰 고민들은?

현재 나의 행복지수는? (1 - 100)

미나P

렸다. 이번에는 화면이 구름에 가려진 것처럼 천천히 펼쳐져서, 더 조마조마한 마음과 두려움에 글자를 제대로 볼 수가 없었다.

그래서 두 손으로 화면을 가리면서 천천히 읽기 시작했다.

오른쪽부터 천천히 '……격'

그리고 한숨과 함께 '……합'

그리고 그다음은?
손이 쉽게 움직이지 않았다. 숨이 막혔다.
내 책상, 내 옷장, 창문 내 침대 모든 것을 한 번씩 보고 숨을 다시 크게 쉬고 손가락을 하나하나 펴가며 다음 글을 읽기 시작했다.

그런데 그 앞에 아무것도 없었다.
이럴수가. '격……합'
그다음에는 아무것도 없었던 '격합!'이었다.

내가 진짜 합격한 거야? 비록 간절히 원하던 대학은 아니었지만 내가 당당하게 내 실력으로 대학에 붙은 걸까?
나 재수 안 해도 돼?

감격스럽고 이제는 정말 안도가 되었지만 한편으로는 뭔가 정말 찝찝

PART 2

교육

> 밀어서 잠금해제

한 하루였다.

나, 잘할 수 있겠지……?

Chris

먼저 졸업을 축하해요. 그런데 원래 다니던 대학을 그만두고 다른 대학을 다시 들어간 이유가 있나요? 처음부터 특별히 서울에 있는 대학을 고집한 이유가 뭔가요?

우진

저는 특별히 서울에 있는 학교를 고집한 것은 아니에요. 전북 전주에서 태어나서 부산으로 대학교에 가기 전까지 쭉 그쪽에서 고등학교까지 다녔습니다. 저는 누구보다 열심히 공부했고, 수능을 보고 나서 대학교에 가려고 하는데 알아보던 중에 하고 싶은 공부를 할 수 있는 곳이 부산대와 한예종이 있었습니다. 그런데 그중에서 **(A-01) 079P** 한예종이 더 저에게 도움이 된다고 생각해서 결정하게 되었습니다.

하지만 대부분의 대한민국 부모님들은 자식의 적성과 흥미를 고려하지 않고 높은 수능 점수가 요구되는 서울에 있는 "소위 명문대"를 무조건 선호하는 경향이 있습니다. 이 점에 대해서는 어떻게 생각하시나요?

부산대와 한예종……. 그 수백 개 대학 중에 다른 옵션은 없었단 말이에요?

Chris

#2 스무 살 대학생의 첫 날 ▼

드디어 처음 맞는, 스무 살 대학생이 된 첫날.

오늘도 변함없이 해가 동쪽에서 떴다. 조금 더 가벼운 마음이었지만 한편으로는 조심스러운 걸음으로 학교에 갔다. 고등학교 때 맨날 아침부터 밤까지 학교에서 보내는 생활을 버티며 꿈꿔왔던 대학생활을 하는 것인가!

오랫동안 상상했던 그런 생활, 교복을 안 입어도 되고, 화장도 하고, 짧은 치마, 늦잠도 잘 수 있고, 미팅하고, 그리고 원 없이 술도 마셔볼 수 있는 것! 이 모든 것이 현실이 되는 그런 날이었다. 그럴까?

하지만 부산대 정문에 들어서기 전까지 더 혼란스럽고 우울한 일들도 있었다.

(A-13) 학기가 시작되기 몇 주 전 오리엔테이션, 새로운 친구들을 만나고 앞으로 있을 학교생활에 대해 배우는 과정에서 왠지 내 마음은 허전하고 쓸쓸했다. 아니 우울했다.

내가 원하던 학교가 아니어서 그랬을까? 아니면 뚜렷한 나의 진로에 대해서 생각해보지 않아서 그런지 머릿속에 들어오지 않았다.

글쎄요……. 이것이 문화인지 아니면 경쟁에서 오는 것인지 아무튼 사회적인 현실이라 생각됩니다. 모든 역사의 아픔을 겪었던 우리나라가 급성장한 이유이기도 하지만 뒤도 돌아보지 않고 앞만 달려오다가 자기 자식들의 행복에 대해 생각할 여유가 없어졌다는 점이 아쉽네요.

Chris

우진

그러게요…….ㅠㅠ 이제는 대학이란 누구나 거쳐야 하는 필수 교육처럼 되었습니다. 모든 부모님이 바라는 바늘구멍보다 더 작은 명문대를 들어가느니 포기하고 자신이 원하는 학교에 들어가려면 제일 먼저 준비해야 하는 점이 뭐라고 생각하시는지요?

명문대학교? 명이 긴 대학교? 문이 큰 대학교? ㅋ ㅋㅋ 나도 많이 들어보긴 했지만 도대체 어떤 의미인지는 잘 모르겠어요…….
이곳에도 Ivy League라고 많은 사람이 선호하는 학교가 있지요. 한국사람들은 이것을 명문대라고 하는데 나는 '명문대'라는 한국 표현과 뜻이 잘 이해가 되지 않아요. 그저 오래된 빨간 벽돌 건물에 풀들이 많이 자란 학교데…… Ivy League 라……. 오래된 대학들이 좋긴 좋은가 보지요? 물론 많은 장점도 있다고 봅니다.

Chris

내가 왜 여기 있지?

여기서 애들하고 어울리고 대화해야 하나?

도대체 나는 지금 뭐 하고 있는 거야?

앞으로 이곳에서 내 청춘을 묻어야 하나 아니면 원하던 대학 입학을 또 준비하는 과정일까? 나의 소중한 시간을 생각했을 때 너무 우울해졌던 그런 오리엔테이션이었다. 여기 데려다 주셨던 엄마는 어느 대학을 가든지 명문대 그런 것이 중요한 게 아니고, 결국 취업을 잘하느냐가 문제라고 계속 말씀하셨다.

내 친구들은 이제 고등학교를 갓 졸업하고 대학생이 된 애들이 많은데, 그 주위 언니 오빠들을 보면 대학을 졸업하고도 취업준비생으로 짧게는 몇 개월 길게는 몇 년씩 취업이 되지 않는 경우를 많이 봤기 때문에 나도 조바심이 조금 나기도 했다. 대기업에 가려고 30개씩 '복붙'해서 이력서를 뿌리는 언니, 여기저기 이력서 넣어서 오라는 회사에 들어가 국내 대학에 대한 정보는 많이 없지만 이곳에서 특히 말하는 '명문대'란 학교전통과 시설 그리고 풍부한 자원과 네트워크를 제공하는 대학이 아닌가 생각합니다. 내가 평생 하고자 하는 일에 관해 많은 연구와 실천을 통해 지식을 쌓는 것이 학생이죠. 좋은 대학은 이러한 필요한 시설과 전문적인 네트워크를 확보하고 제공하는 학교입니다. 하버드든 다른 명문대든 자기가 존경하는 교수님도 중요하지만 교과서를 통해 배우는 것뿐만 아니라 스스로 연구하고 스스로 배울 수 있는 (A-02)'(147P) '현장' 교육Practical Training을 제공하는 것이 현명한 교육이고 좋은 대학이라 생각됩니다.

Chris

우진

그렇죠. 제가 생각하기에도 어렸을 때부터 적성과 흥미를 찾고 자기가 이루고 싶은 것을 알아가기보다는 주어진 것을 열심히 하고 그 안에서 답을 찾는 교육을 받았던 것도 큰 영향이 있다고 생각해요. 국어, 영어, 수학 등 교과 부분에 많이 치우쳐서 운동이나 과외활동을 하기 어려운 부분도 물론 있고요.
그리고 또……제 생각에는 시키는 거 하느라 바빠서 하고 싶은 것을 찾아서 해 본 적이 별로 없기 때문에 이런 걸 생각하기 어렵고, 꿈이나 목표를 가지고 자기 주도적으로 고민하고 결정하는 부분이 부족하기 때문에 스스로 생각하는 힘을 기르는 것도 부족하다고 생각해요.

서 적성에 안 맞아 후회하는 어떤 오빠 등등 여러 사람들이 생각났다.

〔A-16〕 그리고 이어진 엄마의 말씀, 친구 아들이 명문대를 나왔는데 몇 년째 취업을 못 한다면서 학교에 연연하지 말고 너도 이제 안정적인 전문직종, 공무직에 종사하면 좋겠다고 그런 말씀도 하셨다.

역시나 엄마는 나를 몰라……. 공무원은 너무 따분하지 않을까? 아니면 내가 너무 어리고 세상 물정을 모르는 것일까? 신문이랑 뉴스를 보면 청년 실업률 얘기, 맨날 야근하다가 삶에 만족하지 못한다는 어느 직장인의 이야기를 보아도 아직 잘 실감이 나지는 않지만 잘릴 걱정 없고 상사 눈치도 안 보고, 시키는 일 잘하면 되는 공무원은 너무 취업도 안 되고 20대 명퇴라는 현실에서 안정적으로 밥벌이하면서 살기 위해서 가는 것이 아닐까……. 슬픈 현실이라고 생각했다. 우리 사촌 언니도 공무원 시험을 준비하고 있는데……. 언니를 만나기 위해 가봤던 노량진에서 마주쳤던 수많은 고시생, 공시생들을 떠올리기도 했다.

〔A-17〕 그리고 대학에 오기는 왔지만 여기도 뭔지 아직 잘 모르겠는데 취업은 어떻게 해? 엄마는 내가 여기 왜 왔는지 알기는 하는 걸까? 엄마가 바라는 것만 얘기하지 말고 내가 뭘 원하는지 물어보기나 했어? 물론 엄마가 하시는 말씀은 다 나 잘되라는 뜻이겠지만 괜스레 서운해지기도 했다.

우진

사람마다 꿈과 목표가 다르고 또 거기에 필요한 과정이나 시간 이런 조건들이 다른데 스무 살에는 대학에 가야만 하고 졸업하면 취직을 해야만 하고 그 뒤엔 결혼, 출산 등으로 사회가 정해놓은 순서에 따라야 한다는 압박에 시달리는 비율도 굉장히 높다는 생각이 들어요…….

이런 여러 어려움으로 인해서 꿈을 이루기 위해 필요한 교육이나 진로에 대해 많은 고민을 할 수 있는 여유가 없는 게 현실입니다. 더 많은 경험으로 인한 시행착오에서 배울 기회가 많지 않았던 것이 아쉽습니다. 그럼 저희가 성공하기에 필요한 준비와 방법이 무엇이라고 생각하세요?

방법은 간단할 수도 있겠지만 그 방법을 찾는 데 시간이 필요하다는 건 그동안 자라온 환경에 문제가 있다고 봅니다. 현재 경쟁사회에서 많은 사람이 행복을 포기하면서까지 성공을 해야 하는지 그리고 그 의미를 아는지 의심이 되네요. 그 진로에 대한 준비와 방법은 너무 간단하기도 하고 어렵기도 합니다.

Chris

우진

행복하면 성공하는 건지 성공하면 행복한 건지…….
휴……. 잘 이해하기가 힘드네요. 조금 더 구체적으로 대표님의 생각을 말씀해주셨으면 합니다.

진로를 준비하는 방법은 (A-03) (167P) 나 자신에 대해서 얼마나 아느냐에서 시작해요. 과연 요즘 청소년과 청년들이 본인의 장점과 단점에 대해 생각해본 적이 많이 있을까요?

Chris

+ ☺ #

스무 살이 되어 새로운 학교에서 맞이하는 새 학기 첫날에 이런 생각들이 머릿속에서 떠나지 않았다. 학교 정문에서 강의실로 향하는 발걸음이 왜 이렇게 무거웠는지……. 대학을 졸업하면 누군가 나에게 월급을 주고, 나는 내가 잘하는 일을 하며 쓸모 있는 역할을 할 수 있을까? 그런 생각마저 들면서 우울해졌지만 그래도 몇 달 전만 해도 정말 지긋지긋하고 괴롭고 지옥 같았던 고3 수험생활을 했던 걸 생각하니 그것보단 낫지 않을까 생각이 들어 **무거운 발걸음**을 하나하나 옮기기 시작했다.

첫 수업은 일본어! 대학 캠퍼스가 너무 커서 외국에 온 것처럼 헤매면서 학교 지도를 펼쳐가며 강의실을 찾아갔다. 자리에 앉아서 주변을 두리번거리니까 교양수업이라서 그런지 여러 학과 사람들이 모여있었다. 모두 똑똑해 보이고 자유로워 보였다. 생각보다는 좋은 시작!

이제 스무 살이 되어서 엄마 아빠 곁을 떠났다. 성인이 되어 무엇인가 매번 우리 인턴십에 참여했던 학생들도 가장 어려웠던 과제가 이런 질문이었다고 말한 적 있었어요. 4학년 졸업반인데도 뭐가 행복하고 뭐가 나를 위한 것인지 생각해볼 여지가 없었고 무조건 앞만 보고 시키는 것에만 열심히 했다고 합니다. 우진은 어때요?
우진이가 생각하기에 본인의 장단점이 뭐라고 생각해요?

Chris

우진

흠…….글쎄요. 제가 생각하는 저의 장점은 긍정적이라는 점, 어떤 것들의 관계를 잘 이해하고 연결을 잘 짓는다는 점 등이 있는데요. 저도 이런 생각을 잘 해보지는 못했지만 저는 장점보다는 단점이 훨씬 더 많은 것 같아요. 어떻게 생각하면 굉장히 쉬운 건데 생각을 많이 해본 적이 없다 보니까 생각보다 정말 쉽지 않네요…….

누구나 장단점은 다 있어요. 그리고 긍정적으로 생각한다면 (A-04) (265P) 단점이 많다는 것은 경험으로부터 현실을 더 잘 이해하고 본인의 부족함을 잘 안다는 사실입니다. 내가 생각하기에는 그게 바로 실천에서 오는 결과라고 봐요. 항상 도전에 대한 두려움도 많지만 막상 하고 나면 성취감(결과물)과 동시에 아쉬움이 많고 그게 바로 성장하는 데 필요한 교육 과정이라고 생각해요. 그래서 (A-05) (273P) 아쉬움이란 단점이 아닌 장점이고 발전이라고도 봅니다.

Chris

도전한다는 생각에 설레기도 했지만 앞으로 4년 동안 책임지고 내 길과 꿈을 실천하는 그런 공간에 있다는 게 더 부담되기도 한다.

　이렇게 하루를 마무리하면서 내가 대학생이라는 사실과 이 현실에 설레고 또 무언가 부족한 느낌이 든다. 하지만 내가 이제 누구인지에 대해서 다시 확인하게 되는 그런 긴 하루였다.

내일은 뭘 입고 가지?

나의 장점은?

#3 너, 내 마음 속을 걸어다니는……

대학생이 된 지 이제 세 달째가 되었다.

매일 매일 내가 정한 시간표에 따라 움직이고, 자유롭게 옷을 입고,
내가 하고 싶은 걸 하고…….
이런 자유를 만끽하며 이제는 완연한 봄을 느끼고 있는 요즘이다.

5월이 되고 학교에는 봄바람과 꽃들이, 그리고 왠지 모를 핑크빛 커
플들이 많아진 것 같다. 쟤네들은 어떻게 만나서 저렇게 붙어 다닐까?
스무 살이 될 때까지 연애라고는 아직 해본 적이 없는 나에게는 다 신
기해 보인다.
나에게는 언제 저런 핑크빛 연애가 찾아올까?

커피타임 잠깐의 내 생각

나의 단점은?

그렇게 막연한 생각을 하던 나에게 요즘 마음을 뒤흔들고 오락가락
하게 만드는 일이 생겼다.

지난달부터 강의실 옆자리에 앉던 타과생 오빠…… 언제부터인지 내
머릿속에 들어와서 돌아다니기 시작한 것이다.

사실은 처음 봤을 때 너무 잘생긴 내 이상형의 얼굴을 하고 있어서
인상에 깊게 남았었는데 우연히 다른 친구를 통해 그의 미니홈피를 알
게 되었고 거기에 그가 쓰는 글을 보게 되면서 호감을 품게 된 것이다.

그런데 그 단순한 호감이 계속 커져서 그 오빠가 오늘은 수업 끝나
고 어디에 갈까, 오늘은 왜 수업에 오지 않았을까, 뭘 좋아할까, 나에
대해서 어떻게 생각할까……. 이런 질문들이 머릿속에서 떠나지 않게
되었다.

나를 보고 웃는 그의 **얼굴**. 나에게 말하던 그의 **목소리**.
나를 보는 그의 **눈빛**, 표정, 그날그날 입은 옷들, 귀여운 신발…….
사소한 것들 하나하나가 나를 즐겁게 한다.

> 2010년 05월 19일(2막)

수업시간에 교수님 한 번, 그 사람 한 번 이렇게 보면서 마치 TV에서
두 채널을 동시에 보는 것처럼 혼란스럽고 복잡한 순간들이 오늘도 반
복된다. 언제 한번 말이라도 제대로 걸어 보고픈 마음이다.

우진

그러면 이런 것들을 제 진로와 잘 연결하려면 또 어떤 부분을 생각해볼 수 있을까요?

Chris

나의 진로란 내가 무언가를 도전하면서 (A-06) (105P) 지금 이순간 현실에 대해 만족하고 행복하냐는 거에요. 진로란 꿈과 목표 그리고 그 순간이 행복하다면 그것이 크든 작든 성공이라 생각됩니다. 취미와 관심 그리고 장점과 단점을 고려한다면 내가 평생 무엇을 해야 하는지에 대한 답을 좀 더 쉽게 얻을 수 있습니다. 그에 대한 길을 연결해주고 제공해주는 교육, 그리고 시설을 제공하는 곳이 좋은 학교이고 좋은 대학이라 생각합니다. '꿈'은 그냥 'Fantasy'라고 생각해요. 그냥 자면서 꿈을 꾸고 실천 없이 그냥 기억에만 남는 판타지지요. 그래서 나는 '꿈'이라는 단어보다는 '목표'라는 단어를 좋아해요. (A-07) (299P) 처음과 끝을 이어주는 목표가 있어야 그 과정들이 즐겁고 행복하겠지요. 그리고 내 장점과 취미가 만나는 게 바로 행복이라 생각합니다.

우진

맞아요. 저도 항상 어떤 도전을 할 때마다 설렘과 두려움이 같이 찾아오고, 또 어떤 결과를 얻었을 때도 성취감과 아쉬움이 같이 오는데 그 둘 중에서는 아쉬움이 더 많았던 기억이 나요. 그런데 저는 제가 부족해서 아쉬움이 더 많은 것이라고 반성하고 자신감이 떨어지기도 하고 그랬었는데 이걸 발전하는 과정이라고 긍정적으로 생각할 수 있다는 게 반갑게 들리네요.

그렇게 마음만 졸이며 초조하고 어떻게든 말하지 않으면 미칠 것 같아서, 결국 오늘 나는 용기를 내보기로 했다!

주머니의 지갑을 꺼내어 얼마나 있는지 확인하고, 천 원 한 장씩 쫙쫙 펴가며 손에 쥐고, 비록 흔한 캔커피 두 잔이지만 그 사람에게 다가가고 전한다는 마음에 설렜다.

두 잔을 들고 계단을 오르며 긴 복도를 거쳐 아무도 모르지만 내 마음 들킬까 조심스럽게 강의실에 도착했다.
내가 잘할 수 있을까 조마조마해서 온전히 집중하기 힘들었던 강의가 끝나고 복도에서 "저기요……." 하고 처음 그에게 말을 걸었다!

"안녕하세요, 커피 드실래요?"
"이름은 알겠는데, 전화번호 받을 수 있어요?"
"나중에 시간 되시면 영화나 같이 보고 커피 마시고 싶어서요!"
……라고 거울 보고 연습했는데…….

우진

제가 보기에 대표님께서도 정말 많은 도전을 하시는데 대표님의 경우에는 어떠신가요?

Chris

아직도 나도 매번 작품을 만드는 과정도 그렇지만 발표할 때마다 두려움과 아쉬움이 많아요. 아직도 나도 성장하고 있다고 봐야지요. 하지만 하고 싶은 게 많고 아쉬움이 많아야 더 좋은 작품을 만드는 데 도움이 된다고 봅니다. 자신감도 많이 생기지만 이번에는 또 어떤 아쉬움이 있을까도 행복한 고민이라 생각합니다.

우진

그런데요 대표님, 부모님과의 진로 갈등도 두려움의 한 요소인 것 같아요. 자식이 행복하다고 좋아하시는 부모님도 계시지만, 명문대 대기업 혹은 안정적인 공무원이 오직 답이라고 생각하는 부모님과 거기 따라야 한다고 생각하는 학생들은 그것이 주어진 숙제라 생각하고 많은 고민을 하고 스트레스를 받고 있어요. 어떻게 하면 자기 자신도 행복하고, 부모님께서도 만족하실 수 있을까요?

Chris

어느 부모가 내 자식이 불행하기를 바라겠어요……. 부모님은 항상 내 자식이 성공하길 바라고 그 성공이 바로 본인들의 행복이라고 생각하십니다. 하지만 여기서 부모님과 자식 사이에 대화를 통해 서로가 생각하는 성공과 행복의 구체적인 차이와 과정을 의논한 적이 없어 서로를 이해하지 못한다고 생각합니다.

#

"어, 저……저기요, 커피……드실래요?"라고 하면서 커피를 건넸다.

그가 "감사합니다!" 하고 받았는데도 내가 멍청하게 아무 말 없이 서 있으니까, "그럼 안녕히 가세요!" 하고 그냥 지나가더라. 아……. 이런 바보, 멍청이, XXX…….

나는 왜 그렇게밖에 말을 못했을까? 친해지고 싶다고 전화번호 물어보라고 친구들이 얘기해줬는데…….

그래도 평생 처음 용기를 내어 본, 엄청난 경험이었다.

하지만 너무 바보 같았다. 다른 애들은 너무 쉽게 말도 걸고 그러는 것 같은데 나는 왜 이렇게 하나하나가 너무 어렵고 힘든지 모르겠다.

연애하는 수업은 없나……?

2010년 05월 22일(3막)

함께 고민하고 함께 철저한 마스터플랜을 기획한다면 서로 의지하고 응원하는 계기가 될 것입니다. 요즘 배달 문화가 발전돼서 편리는 하지만 남의 손을 거쳐야 하기 때문에 마음과 정성의 가치가 떨어지고 소통과 관심이 멀어져 간다고 생각합니다. 경쟁 속에서 조금 더 좋은 조건을 얻으려고 지방대보다 서울에 있는 대학을 선호하고 또 하나의 생존전쟁으로 엄마는 돈을 더 벌어야 하는 현실 속에 다시 이산가족이 되어 김치와 밑반찬이 택배로 배달되는 그런 비극에 와 있습니다. 학생들은 지방 출신이라는 편견과 차별에 두려워 이중언어(사투리와 표준말)를 오가며 (A-08) (077P) 지방에서 **탈출**하려는 비극적인 현실 속에서 더 많은 고민과 싸우고 있다는 점이 아쉽습니다.
과연 집에서 엄마가 해주신 따뜻한 밥을 온 가족과 함께 마지막으로 먹은 지가 언제일까요?

맞아요. 저도 지방의 작은 도시에서 태어나고 자랐는데, 예전에는 시골 소도시에서 큰 도시인 서울에 왔다는 게 왠지 제가 촌스럽고 부끄러울 정도로 소극적인 생각을 한 적이 있어요. 그런데 지금은 점점 생각이 바뀌어서 초등학교 때 제가 사는 아파트 옆에 끝없이 펼쳐진 초록색 논을 보면서 낮잠 자고 구름 보면서 지내고 하던 기억이 정말 행복하게 남아있다는 것에 감사하게 되었어요.

전에도 그랬지만 오늘도 화창한 하루였다.

뭔가 좋은 예감이 드는 따뜻한 햇볕…….

지난 번엔 입도 발도 움직이지 않았는데 오늘은 무슨 말을 해야 할지도 고민하고 드디어, 드디어 그에게 과제도 물어보고, 전화번호도 물어봤다. Yes! 이렇게 쉬운 걸……. 흠칫 놀라는 것 같긴 했는데 열심히 눈을 맞추며 이야기해주었다.

나는 태어나서 고백이란 거 한 번 해본 적 없었는데, 난생처음 마음에 드는 사람에게 내 마음을 보인 것 같아서 너무너무너무 부끄러웠다.

그리고 지금 기숙사 방에 들어와서 배터리가 다 될 때까지 문자를 썼다 지웠다 하다가 처음 보내고 인사도 하고 이런저런 이야기도 나누고 그랬다! 내가 그 오빠랑 문자를 하고 있다니……. 뜨거운 핸드폰보다 더 설레서 마음이 터져버리는 줄 알았다. 잘 되었으면 좋겠다.

내일은 더 용기를 낼 것이다.

파이팅!

우진

누구든 주어진 환경에 대해서 불평하고 불만을 품다 보면 자존감만 낮아지고 스스로 얻을 기회들을 많이 놓치게 되는 것 같아요. 그리고 경쟁사회에서 살아남으려는 방법으로 이제까지 쌓아온 자기 정체성을 버리거나 부모님과 갈등하게 되는 경우도 많은 것 같아요.

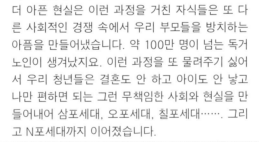

Chris

우리 부모님 세대는 많이 배우지 못하고 많이 먹지 못했기에 자식을 위해 모든 희생을 하고자 누구보다 더 많이 가르치고 배부르게 먹이려는 목적을 두고 있어요. 그리고 남보다 우리 자식들은 더 좋은 대학 그리고 넉넉하지는 않지만 내 자식도 유학을 목표로 두면 경쟁에서 도움이 되고 성공하고 그게 바로 행복이라 생각들 하십니다. 그래서 우리가 흔히 말하는 기러기 아빠들도 많고 그 모든 게 자식을 위해서 희생한다고 생각하잖아요? 하지만 그 가족은 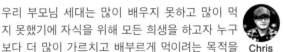(A-09) (221P) 부모와 자식 간에 함께 하는 시간과 추억을 포기해야만 합니다. 또 내 자식이 무슨 생각을 하는지 무엇을 좋아하는지 대화를 하거나 각자의 의견에 대해 고민한 적도 많이 없어서 서로 의심까지 하는 모습을 많이 봤습니다.
더 아픈 현실은 이런 과정을 거친 자식들은 또 다른 사회적인 경쟁 속에서 우리 부모들을 방치하는 아픔을 만들어냈습니다. 약 100만 명이 넘는 독거노인이 생겨났지요. 이런 과정을 또 물려주기 싫어서 우리 청년들은 결혼도 안 하고 아이도 안 낳고 나만 편하면 되는 그런 무책임한 사회와 현실을 만들어내어 삼포세대, 오포세대, 칠포세대……. 그리고 N포세대까지 이어졌습니다.

또 다른 하루!
오늘은 구름이 잔뜩 끼고 바람이 부는 그런 하루였다.

아까 오후에 동기 오빠가 영화 《드래곤 길들이기》 표 두 장을 준다고
했는데 그가 반사적으로 떠올랐다. 오늘 봐야 하는 거래서 저번에 물어
봤던 전화번호로 연락했다.

"어⋯⋯. 오늘⋯⋯뭐 하세요?" 또 말을 더듬으며, 한숨을 크게 쉬고,
"영화 보러 갈래요?" 이렇게⋯⋯.

그런데 너무 급작스러웠는지, "오늘은 안 되는데, 다음에 보면 안 돼
요?"라고 돌아왔던 답에 나는 서슴없이 "그런데⋯⋯저는 오늘 아니면
안 돼요"라고 하고 그냥 전화를 끊게 되었다.

휴⋯⋯. 옆에 있던 친구에게 말했는데, 그러면 그냥 다음에 보자고 하
고 약속 잡지 왜 그렇게 말했냐는 것이었다.

아이고 나는 거기까지는 안 되나 보다. 바보 멍청이, 대실패다.

드래곤 길들이기 전에 내 마음부터 길들여야겠다.

대체 어른이 된다는 게 뭘까? 아무것도 쉽지가 않은데⋯⋯.
나는 스무 살이 정말 된 것일까?

N포 세대에 대한 나의 생각은?

나는 지금 몇 포?

스무 살은 뭘 어떻게 해야 하는 거야?

엄마하고 밥먹으면서 대화하고 싶은 내용들?

#4 새터민 아이들과 2주를 보내며……

어떻게 지나가는지도 모를 정도로 빠르게 1학년 1학기가 지나갔고 여름방학이 되었다!

대학교는 방학이 길어서 너무 좋다.

그 지옥 같은 고3 때는 방학도 없었는데.

학교 적응이 어느 정도 되어서 지난 6월부터는 베스킨라빈스에서 난생처음 아르바이트도 시작했지만 며칠 전에 그만뒀다. 왜냐면 처음 아르바이트를 시작했을 때는 사회 경험을 해보고 싶었고 용돈도 벌면 좋다는 생각이 들었지만 어느 정도 해보니까 전혀 즐겁지도 보람 있지도 않았기 때문이다. 그리고 계속 바뀌는 아르바이트 스케줄 때문에 내가 보고 싶은 공연도 못 보고 공부도 내가 하고 싶을 때 자유롭게 할 수 없다는 점이 제일 힘들었다.

(A-19) 그리고 이번 여름방학에는 돈도 중요하지만 더 보람있는 일을 해보고 싶어서 며칠 전부터 부산외대 캠퍼스에서 2주간 합숙하는 한겨레 계절학교 교사 봉사활동에 와있다. 타지 사람들은 '부산' 하면 바다를 떠올리는데 여기 와보니 부산의 '山'처럼 산이 훨씬 많은 곳이다.

여기 부산외대도 지금까지 본 적도 없는 경사 90도에 가까운 가파른

커피타임 잠깐의 내 생각

아빠하고 커피 마시면서 대화하고 싶은 내용들?

오르막 위에 캠퍼스가 있다. 그 안에서 몇 개 강의실과 기숙사 일부를 쓰면서 지내고 있다. 정식 캠프 명칭은 YWCA 한겨레 계절학교인데, 탈북한 지 얼마 안 된 새터민 아이들과 지내면서 수업도 하고 연극도 보고 운동도 하며 한국 생활에 적응할 수 있도록 돕는 프로그램이다. 좋은 취지에서 진행되는 캠프라고 생각해서 나도 동참하고 싶었다.

나는 스무 살 막내 선생님,

여기서 영어와 보드게임반 담당을 맡았는데 첫날 영어수업에 들어가서 내 소개를 할 때 앞에 앉아있는 아이들과 나 사이에 어떤 경계선이 있는 것처럼 서먹서먹하게 느껴졌다.

예전에 금강산 관광을 갔을 때, 휴전선을 지나 북한으로 들어가는 길에 군인들이 내가 탄 버스 안에 들어와 감시하고 사진도 마음대로 찍을 수 없게 하는 등, 굉장히 억압하는 분위기가 무서웠던 적이 있어서 그랬던 것 같다.

나라가 분단된 아픈 역사, 내가 들어봤던 정말 힘들고 비참한 북한에 가족들과 오늘 저녁 먹고싶은 음식들?

우리 할머니는 현재 독거노인?

서의 삶, 그리고 죽음을 무릅써야 하는 탈북 과정……. 그런 힘든 과정을 겪으며 남한에 오게 된 아이들의 상처나 이 사회에서 차별받을 수 있는 현실 때문에 혹시나 내가 실수하고 상처를 주지는 않을까 그런 이유에서 엄청 조심스러웠는데 아이들도 똑같지 않았을까 그런 생각이 들었다.

그리고 이 캠프 시작 전에 자원봉사 교육을 받으면서 영어수업을 맡게 되었을 때 평양에서 선택받은 소수 사람을 제외하고는 외국어를 배울 수 없고, 자발적으로 영어 중국어 등을 배우려고 하면 탈북 의도가 있는 것으로 처벌받아서 시골에서는 외국어 수업 자체가 없기에 수준이 많이 떨어질 것이라고 들었는데 역시 영어와 외래어에서 많이 힘들어하는 것을 체감할 수 있었다.

오늘 수업시간에 아이들이 수를 셀 수 있는 명사와 셀 수 없는 명사(불가산 명사와 가산 명사)를 배우는데,

우진

휴……. 저는 삼포까지는 알겠는데 N포까지 이어
간다는 생각만 해도 끔찍하네요. 어떻게 보면 가
족이라는 든든한 버팀목의 기능을 잃어버리는 결
과가 되는 거네요.
그런데 인턴십도 또 하나의 취업 과정이라고 하잖
아요. 이런 인턴십을 거쳐 1인 창조 기업을 하려면
기초를 어떻게 준비해야 하나요?

(A-10) (139P) 대학이란 또 하나의 기업입니다. 시설
과 네트워크를 제공하는 또 하나의 기업이어서 대
학생이라면 자신에게 제공된 시설과 네트워크를
잘 활용해야 합니다. 대학 4년간 나 스스로가 1인
창조 기업인으로서 많은 프로젝트와 결과물들을
만들어낸다면 자연스럽게 1인 기업으로 사회와의
고리를 잘 이어나갈 수 있을 겁니다. 이 과정에서
준비란, 목표를 잘 세워서 (A-11) (143P) 처음과 끝을
잘 잇는 연습을 말하는 겁니다. 그래서 인턴십이란
중요한 연결고리이고 기초가 된다고 생각합니다.

Chris

우진

음……. 그러면 대표님이 계시는 미국의 대학 내 1
인 창조 기업에 대한 의견이 궁금해요!

미국대학은 성적만 우수한 학생을 뽑는 게 아니라
뚜렷한 목표가 있는지와 그 학생이 과연 그 목표를
위해 잘 적응하고 이어 나갈 것인지를 검토합니다.

Chris

"money는 왜 셀 수 없어요?"

"photo는 왜 모음 'o'로 끝나는데 복수가 될 때 'es'가 아니고 's'를 붙이는 거예요?" 등······.

지금 학년은 중학교 1학년 2학년인데 요즘 초등학생들이 배우는 과정을 어려워해서 하나씩 하나씩 가르쳐주면서 친해지게 되었다. 처음에 느꼈던 벽이 허물어지는 것을 느낄 수 있었다. 그리고 아이들이랑 24시간 내내 함께하면서 자원봉사 선생님인 우리도 덩달아 마음이 깨끗해지고 순수해지는 느낌이 들었다.

특히 '상민'이라는 아이가 '우진 샘 어디 가세요? 뭐 하세요?' 하면서 내가 가는 곳마다 따라다녀서 처음에는 귀여웠지만 점점 귀찮아지기도 하고 가끔 민감한 질문을 하거나 심한 장난을 쳤을 때는 어떻게 반응해야 할지 너무 당황하기도 했다. 그런데 어제 알게 된 것은, 상민이는 탈북해서 처음으로 간 중국에 부모님이 아직 거기에 계시고 남한에서는 고모와 함께 지낸다는 것이다.

그래서 부모님과 연락을 자유롭게 할 수도 없어서 몇 달 전 어렵게 전화를 한 것이 전부고, 한국으로 어서 무사히 들어오시기를 매일매일 하늘에 기도하며 바라고 있다는 것이다. 그래서 내가 상민이에게 선생님이나 어쩌다 알게 된 낯선 사람이 아니라 누나, 엄마로 느껴질 수도 있겠구나, 그런 생각이 들었다. 이 사실을 알게 되었지만 상처가 될까 내색을 할 수도 없었고 초등학교 6학년밖에 안 된 아이가 겪어온 무거운 현실에 너무 마음이 아팠다.

그리고 그 학생들에게 필요한 시설과 네트워크를 제공하는 기업입니다. 미국식 수능이라고 할 수 있는 SAT 점수와 고등학교 성적이 우수해서가 아니라 고등학교 생활 속에서 얻어낸 결과들과 자신의 관심 분야에 대한 열정, 그리고 그동안 쌓아왔던 경험이나 작품들과 앞으로의 진로와 본인들의 목표를 위해 왜 그 학교를 선택했는지에 대해 많은 검토 후 합격 소식을 전합니다.

Chris

주로 국내 대학에서는 수능 점수와 고등학교 성적에 초점을 두고 있기는 하지만 요즘에는 조금씩 그 학생의 생각과 목표를 바탕으로 입학 심사를 진행하는 변화가 있기는 해요. 그런데 여기서 말씀하시는 네트워크는 어떤 것인지 궁금합니다!

우진

네트워크란 대학에서 확보한 현지 전문가들로부터 학생들이 지식을 얻고 또 다른 시설이 필요할 때 도움을 받으면서 자연스럽게 사회진출에 대한 연결도 제공하는 것을 말합니다.

Chris

물론 국내 대학에서도 이 점을 고려하고 또 나름의 네트워크를 제공하고 있습니다. 그러면 학생의 입장에서는 네트워크가 잘 구축되어있는 학교를 어떻게 구분하고 선택할 수 있을까요?

우진

일단 자신의 관심 분야에서 더 연구하고 경험하고 도전할 기회를 주고 사회와 전문성을 이어주는 대학교들에 대해 철저한 리서치를 해야 합니다.

Chris

내가 해줄 수 있는 것은 별로 없지만 누나, 엄마처럼 손을 잡아주고 같이 놀아주고 물어봐 주며 따뜻하게 시간을 보내는 것이라는 생각이 들었다.

그리고 생각이 들었던 것은 내가 조금 더 영어를 잘하고 조금 더 많이 살았다고, 한국 생활에 적응할 수 있도록 가르치고 돕겠다며 여기 왔던 것이 정말 부끄러워졌다는 것이다. 나는 이런 경험을 하고 싶은 욕심으로, '자원봉사자'의 이름으로 온 것이지만 내가 가지고 있는 것들, 부모님을 보고 싶으면 언제든 볼 수 있고, 동생도 있고, 대학생으로 외국어든 뭐든 내가 배우고 싶은 것들을 얼마든지 배울 수 있고, 어디든 가고 싶은 곳에 갈 수 있는데……

그런 자유와 많은 기회에 둘러싸여 있는데 이런 것들도 충분히 활용하지도 못하고 감사하지도 못하면서 이들에게 내가 뭘 가르치고 봉사하겠다고 왔는지……!

그리고 여기 잠깐 방문하신 아이들 부모님을 만나 뵙고 대화를 나누

책과 교과서로만 하는 교육이 아닌 현장교육과 실천을 중심으로 교육하는 학교는 많은 전문성 있는 네트워크를 확보하고 있다고 봅니다. 그곳이 하버드든 전문대이든 내 목표와 성격에 맞는 대학을 선택하는 것이고 좋은 대학에서는 이러한 도전성과 열정을 높이 사고 그 목표를 성취할 수 있도록 기반을 제공하는 것이지요.

무엇보다 1학년부터 3학년까지 무조건 이론theory만으로 교육하고 4학년이 되어서야 졸업작품을 만들고 논문을 쓰는 학교방침이나 교육은 피해야 합니다. 1학년부터 무엇을 하든 자신의 성격과 관심을 시험하는 과정에서 더 연구하고 실천하고 1인 창조 기업인이 되어 도전하고 실패하고 또 도전할 기회를 주는 교육이 현명하다고 봅니다.

 저는 그래도 운이 좋아서 대표님과 여러 프로젝트도 함께 했고 학교에서도 참여할 수 있는 프로젝트가 많았습니다. 하지만 제 주변에서는 안타깝게도 이러한 혜택과 기회가 많지 않아서 아무 결과물 없이 대학 생활을 마치는 경우를 많이 보았습니다. 대표님께서는 국내 대학에 대해서 어떻게 알고 계시나요?

우진이가 말한 것처럼 내가 알고 있는 국내 대학은 내 관심과 타고난 능력과는 대부분 관련 없이 모두 같은 수능을 치러야 하고 또 정해진 대학만을 진학하고 또 등급에 밀려 사회에서 차별됩니다. 이러한 현실은 잘못된 교육이고 대학이라고 봅니다.

면서, 맨 처음에는 한국말을 쓰는 외국인처럼 낯설게 느껴졌던 새터민들도 그저 한국에서 같이 살아가는 사람들이라는 생각이 들었다.

특히나 본인은 남한의 체제나 장단점에 대해서 100% 동의하고 좋아하는 것은 아니지만 아이들 교육과 장래를 위해서는 남한이 좋겠다는 생각이 들어서 이곳에 오게 되셨다는 한 아버님 말씀을 듣고서는 정말 대단하다고 느꼈고 자식들에 대한 부모님의 사랑이 느껴졌다. 그리고 어디서나 사람 사는 것은 비슷하구나, 다르지가 않구나, 하는 생각이 들었다.

그리고 나는 여기서 우리 부모님과 동생에 대해서 정말 많이 생각할 수밖에 없었다. 가족과 자식의 미래를 위해서 자신을 희생하고 위험을 무릅쓰기도 하고 사랑으로 표현하는 것, 나는 그것도 잘 알지 못해서 왜 아빠 엄마는 이런 것도 안 해주고 저런 것도 없고 우리 가족은 뭘까 생각하며 감사하지 못하고 대들었던 시간이 엄청 떠올랐다. 가르치려고 왔는데 내가 배우고 얻은 게 더 많은 캠프⋯⋯. 오늘은 오랜만에 가족들 모두에게 전화해야겠다!

그리고 일단 입학했으니 무사히 4년을 마치고 졸업이나 하자는 태도가 있어 아쉽게 생각합니다. 졸업작품을 사람들에게 보여주어 당당함을 키우는 기회가 되지 않고 사회에서 요구되는 지식과 당당함 그리고 창의적인 사고방식이 훈련되지 않아 안타깝게 생각하고 있습니다.

Chris

우진

저도 같은 시스템 안에서 주어진 과제나 해야 한다는 공부만 열심히 한 기억이 있는데 처음에 대표님께서 말씀하셨던 대학 교육에 대한 생각을 듣고서 혼란스럽고 이해가 되지 않았던 부분도 있었어요. 그런데 지금 여러 경험을 하고 보니까 저를 알고 제가 원하는 목표와 길에 있어서 필요한 교육을 선택하고 잘 활용해야 한다는 생각이 들었어요.
그리고 국내 학생들은 스펙을 하나라도 더 쌓으려고 노력하는데요. 그러면 스펙을 쌓는 것보다 경험이 더 우수하다는 말씀이신가요?

스펙이 뭔지 잘 모르겠어요. 옛날에는 키가 크고 잘생기고 집안이 든든한 것이 결혼 상대로 좋은 스펙이라고 했는데 요즘은 취업과 진로에 대한 고민 때문에 스펙이란 단어의 의미가 조금 달라진 것 같습니다. 흔히 말하는 해외연수, 명문대 졸업, 유학 등등을 말하는데 물론 그 결과를 얻어내는 데에 많은 노력이 요구되지만 사회에서는 종이 한 장보다 그 많은 과정을 거치고 실천한 경험이 더 좋은 스펙이라 생각됩니다. (A-12) (115P) 경험은 어떤 일을 할 때에 기초부터 연구하고 실천하고 결과를 만들어 내는 과정입니다.

Chris

#5 눈물 쏟는 하늘……

(C-02) 오늘은 하늘이 파란지 노란지 빨간지 모르게 내 속이 까맣게 타고 눈앞이 깜깜하다.

내 마음을 항상 차지하고 있던 그 오빠에게 여자친구가 생겼다는 소식을 듣고서 정말 아무것도 할 수 없었다.

확인한 사실도 아닌 그저 전해 들은 소식인데…….

6개월 전 막을 내렸던 *나의 사랑극, 제2 무대*가 다시 펼쳐졌다.

낮에 도서관에 공부하러 갔는데 아무 글자도 눈에 들어오지 않아서 가방을 싸서 그냥 나왔다. 머릿속이 백진데 뭔 공부……. 그렇게 나와서 멀리 가지도 못하고 도서관 옆에 있는 벤치에 앉아 하염없이 해 질 녘 하늘을 바라보면서 펑펑 울었다.

두려웠던 것이 현실로 되던 이 순간…….

나는 왜 바보같이 이런 일도 제대로 못 하고, 표현도 못 하고 원하는 것도 못 얻는 것일까?

왜 나는 뺏겼다는 생각이 들까?

아무것도 제대로 시도해본 것도 없으니 잃을 것도 없는데 왜 나는 도둑맞았다는 생각이 들까?

왜 그렇게 나를 거절할까 봐 망설이고 또 망설이고 두려워했는지 그 무조건 시키는 일을 실천하고, 책을 읽고 리포트 쓰고 수료증 하나 얻어내는 것은 이제 좋은 스펙이 절대 아니라고 생각합니다.

Chris

우진

그렇죠. 제 생각에도 어떤 목표나 뜻이 없이 한 인턴 경험이나 무분별한 해외 유학, 교육 등은 사실 이제는 그다지 경쟁력이 없다고 생각해요. 제가 듣기로 예전에는 해외 유학 경험만으로 국내 취업 시장에서 우위를 차지하거나 했다는데, 지금은 그런 사람들이 너무 많아지기도 했고요. 이렇게 보면 자신의 개성과 뜻으로 만들어나간 경험과 생각이 그 사람의 커리어에 연결되는 부분이라는 생각이 드네요. 물론 국내 대학생이 인턴십이나 창업을 시도하는데 학교에서 도움을 받을 수 있는 부분도 있습니다. 여기에 대한 현황과 앞으로의 발전방향에 대한 대표님의 의견이 궁금합니다!

1인 기업과 대기업의 차이는 엄청납니다. 규모가 커진 것과 동시에 브랜드가 확립되고 정치에 좌우되어 항상 흔들리는 대기업은 이제 미래도 없고 1인 기업인 학생들이 이길 수도 없습니다. 하지만 중소기업도 대부분 창작으로 발전된 1인 창조 기업이기에 대학과 함께 연구 사업을 이어가는 것이 절실히 필요하다 생각합니다.

Chris

시간이 원망스러웠다.

나는 놓쳐버린 것이다. 아마도 그 두려워한 시간 때문이었을지도 모른다.

오늘은 박정현의 「눈물빛 글씨」를 들으면서 정말 눈물 쏟는 하늘을 보았다.

어렸을 때 옷 사달라고 떼쓰면서 흘린 눈물, 또 6등 했다고 혼나서 흘린 눈물, 동생하고 싸우다 흘린 눈물……. 그 눈물들과는 너무나 달랐다. 발밑에 떨어지는 눈물은 시냇물처럼 저 멀리 흘러가고 있었다.

어쨌든 너무 미웠다, 그 사람 마음을 뺏어간 여자가…….

나보다 뭐가 더 나아서, 어디가 더 좋아서 나에게서 뺏어갔을까?

기숙사에 돌아와 침대에 누워있는데 주체할 수 없는 눈물이 계속 흐른다.

Chris

그동안 금전적인 지원이 중요했던 대학교는 대기업을 위주로 상대했지만 앞으로 학생들의 창작을 고려해 중소기업과 파트너십을 맺고 작은 투자와 함께 학생들과 함께 연구하고 이어간다면 그 학생들은 4년 후 더 많이 성장해 있을 것이고 또 수많은 결과를 실패와 함께 만들어낼 것이라 생각합니다.

한국전쟁 이후 만들어진 수많은 중소기업이 이제는 많이 없어지고 늙어가고 있습니다. 중소기업 발전에 필요한 R&D$^{Research and Development}$가 학생들의 창작을 중심으로 함께 일을 하고 중소기업은 그동안의 경험과 기술을 나눈다면 대학교 그리고 중소기업은 더 발전할 것이고 학생들에게는 보다 나은 현실과 미래가 보장될 것입니다.

이러면 자연스럽게 학생들이 학교에서 1인 기업이 되어 사회로 이어나가는 데 어려움이 줄어들 것이라 생각하지 않나요? 이러한 결과를 만들어낸다면 누구나 대기업이나 공무원을 고집하는 비현실적인 이슈가 줄어들 것이고 본인들이 일하면서 즐기는 행복이 부모들이나 사회에 큰 영향을 줄 것입니다.

우진

불안정한 중소기업에 그런 장점이 주어진다면 저 또한 고려해볼 것 같아요. 그러면 대학진학률이 80%가 넘을 정도로 아주 높은 한국과 다른 선진국들의 대학진학률을 어떻게 비교할 수 있을까요?

Chatting

나는 왜? 대체 왜? 나 혼자서 좋아하다 아프다가 이제는 놓쳐버렸다. 나에게 다가오던 다른 사람들도 이 사람만큼 빛나 보이지 않았는데, 나는 놓쳐버렸어? 그 사람은 떠난 거야?

그렇게 손끝까지 울다가, 음악도 나를 위로해줄 수 없어지자 이어폰을 빼고 엄마에게 전화를 걸었다.

이 작고 두려운 마음을 의지할 수 있다는 게, 그 누군가 옆에 있고 언제든 따뜻하게 다가갈 수 있다는 게 그냥 좋았다. 그리고 나는 나의 일상을 살아나갈 힘을 얻었다.

내가 가장 사랑하는 것들이 나를 가장 아프게도 한다는 이야기를 들은 적이 있는데, 그래서 나는 계속 아프고 또 도전하고 사랑하는 것이 아닐까 이런 생각이 들었다.

우진이 주변에 있는 친구 중에 대학을 선택하지 않고 창업을 한 친구들이 있나요?

Chris

우진

아니요. 제 가까운 주변에는 없는데, 아주 가끔 건너 건너 아는 사람이 그렇게 했다는 이야기를 듣거나 신문에서 본 적은 있어요.

오래전에 우리 부모님들은 대학 진로의 가장 큰 문제는 경제적인 부분이었어요. 하지만 지금은 돈이 없어 대학을 가지 못하는 학생들도 물론 있겠지만 예전처럼 많지는 않다고 봅니다. 또 휴학을 선택한 많은 학생은 진로에 대한 고민도 있겠지만 빨리 졸업을 해도 취업이 되지 않아 더 많은 스트레스를 받기 때문에 졸업 전에 해외연수든 인턴십이든 선택하는 것이지요. 이런 게 스펙으로 취업을 할 때 남보다 조금이라도 유리하리라 생각도 하고 또 떳떳하지는 않지만 돈을 쉽게 벌 기회가 요즘 세상에 많아지면서 대학은 그냥 포장이라 생각할 만큼 변한 것도 사실입니다. (A-13) (019P) 대한민국이 대학 진학률 OECD 1위인데 취업률은 꼴찌라는 결론은 창업적인 마인드나 도전성이 없다는 현실입니다. 이제는 좋은 학벌보다 능력이 중심이 되는 사회로 발전되어야 한다고 봅니다.

Chris

우진

유학을 선택하는 것도 바로 이 점입니다. 하지만 유학도 투자인데 박사가 되어서 한국에 돌아오게 되면 또 경쟁해야 하고 또 다른 취업에 대한 고민이 생기게 되는데 정말 고민은 끝이 없네요.

하지만 이젠 끝. 바보 같은 생각, 망설이다 놓쳐버리는 일은 그만해야 할 텐데 말이다. 여고 다닐 때 꿈꿨던 스무 살 대학생이 돼서 이제 핑크빛 연애도 실컷 해보고 엄청 기쁘기만 할 줄 알았는데 이렇게 힘들 줄 알았으면 시작도 하지 말걸…….

내일은 또 어떤 하늘이 펼쳐질까?

지금은 조금씩 줄어들고 있지만 현재 미국에서 공부하고 있는 한국 학생들이 9만 명이라고 합니다. 그런데 여기서도 수업시간에 자신만의 **(A-14) (103P)** 의견을 내고 그룹 토론을 하면서 서로 배우는 교육에 적응을 못 해서 학교 다니기 힘들어하는 경우도 정말 많이 봤어요… 남을 이기려고 명문대를 고집하고… 또 배우기 위해 그 많은 학원에 다니고, 오직 교과서를 의지하고 또 글로 기록하는 우리나라 교육 풍습도 많이 바뀌어야 한다고 봅니다. 요즘 대학교 논문도 대부분 창의적인 연구보다는 남의 논문을 참고하고 이론적인 연구에만 시간을 보낸다는 점도 문제라고 봅니다.

Chris

위에서도 조금 언급했지만 전에 온라인에 올라온 글 중 다른 나라들의 대학진학률을 본 적이 있어요. 선진국 진학률을 보면 미국은 60%, 프랑스 41%, 일본 47%, 독일 35% 그리고 스위스 29%……. 그리고 대한민국은 84%로 OECD 국가 중에 단연 1위로 나왔어요. 그런데 이상한 것은 우리나라 대학졸업자 중에서 51%만 취업하는데 그중에서 37%는 비정규직이며 월 소득이 150만 원 미만이라고 나온 글도 봤습니다. 내가 보는 문제는 비싼 등록금에 비교해 이득이 없다는 사실입니다.

우진

그러면 해결 방법은 어떤 것들이 있을까요? 대학교를 비싼 등록금을 내고 다녀도 이로운 점이 별로 없어 보이는데요…….

＋   ☺ #

#6 생각의 창

"아이고 되다", "단디 해라 쫌", "니 뭐 하는데 지금?", "밥 묵나?", "마이 아프나?, 우야꼬!", "문디 가스나야", "햄인교"……

처음에는 외계어처럼 낯설고 무서웠던 부산 사투리가 이제는 정겹게 들린다. 여기서 제일 좋은 건 사투리가 좋아질 정도로 좋은 사람들이 있다는 것, 지하철 30분이면 해운대 광안리 넓은 바다를 볼 수 있다는 것이다. 부산대는 그렇게 적응하며 다니고 있다. 친구들도 사람들도 모두 똑똑한 것 같고, 학교에 계곡이 있다는 것도 참 좋다. 그래도 때로는 오늘처럼 심심하고 재미없는 날이 있을까 하는 생각이 들 때가 있다.

"왜 이리 심심하고 재미없을꼬."

오늘 테니스 동아리 친구를 만났는데 그 친구가 나에게,
"너는 왜 그렇게 남자같이 옷을 입어? 치마 좀 입으면 좋을 텐데!"라고 해서 무척 화가 나고 짜증이 났다.

어떻게 입더라도 내가 입고 싶은 대로 입을 수 있는 거 아닌가? 내가 남들 보기 좋으라고 옷 입고 행동하는 것은 아니다. 남 생각에 내 소신이 쏠려가는 것은 진짜 '나'라고 할 수 없다.

취업을 위한 전문대학^{Technical College}이 더 많이 있어야 한다고 봅니다. 선진국일수록 대학을 많이 선호하지 않는 이유는 자신이 원하는 직업을 구하는 것이고 또 선진국일수록 학생들에게 본인의 미래를 선택할 수 있는 자유를 완벽하게 보장한다는 것입니다.

그리고 무엇보다 내가 보는 우리나라 교육이나 대학 진로에 대한 심각한 문제는 대학이 아니라 고등학교라고 생각합니다. 다른 나라도 그렇지만 미국 고등학교는 대학교처럼 학생들의 관심을 우선으로 자신이 원하는 과목을 선택하고, 1학년도 3학년하고 당당하게 함께 공부하며 발전합니다. 그리고 그 관심과 교육에서 자연스럽게 대학 진로를 결정할 수 있게 도움을 받고 또 이러한 관심과 열정을 제공하는 대학을 선호하게 되는 거지요. 이곳 대학교는 누구나 똑같은 수능시험을 보고 점수 위주로 가는 게 아니라 고등학교부터의 관심과 미래에 대한 목표를 기준으로 학생들을 선발합니다. 그리고 그 학생들을 위한 시설과 네트워크를 제공하고 또 취업을 위한 다양한 프로그램들과 1인 창조 기업을 위한 기초교육이 대학교 1학년 때부터 제공됩니다. 그리고 대학교 진로를 통하지 않아도 창의적인 마인드나 열정이 있다면 본인 스스로 배우고 개척해나가면서 실패와 성공을 거쳐 현장교육을 스스로 체험하게 됩니다. 그리고 이런 개념은 4년 동안의 대학 교육보다 직업교육훈련소나 현장교육이 더 효율적이라고 생각하기 때문에 선진국일수록 대학진학률이 적다고 봅니다.

다 똑같은 검은 머리, 똑같은 뿔테 안경, 똑같은 핸드폰, 먹는 것, 입는 것……. 더욱이 성냥갑 같은 중앙도서관에서 키우는 생각이란 게, 다 똑같아질지도 모른다는 생각이 든다. 大學生인데 나는 그만큼 큰 생각과 꿈을 품고 사는가? 너는 그렇게 사니? 요즘 나는 대학생이라는 게 부끄럽다.

나는 매일 깨끗하게 정돈된 방에서 잠을 자고 깨끗한 옷과 신발 가방 책에 둘러싸여 사는데, 매일 샤워하고 머리 감고 세수하고 온갖 화장품을 바르는데, 내 머릿속은 깨끗한가?

화장품을 바르나?

밥이라도 먹나?

내가 먹는 만 원짜리 밥처럼 나는 만 원 하는 생각을 하며 사나?

사랑과 헌신이라는 글자로 아빠 엄마의 시간들을 내 몸의 안위만을 위해 증발시키는 것만 같다.

돈 먹는 귀신처럼…….

고등학교 3년을 수능과 대학을 마음속에 품으며 살았지만, 나름의 개성이란 걸 주장하고 지금까지 왔다. 그런데 나는 대체 그럴만한, 개성을 주장할 만한 생각을 하고 사는 걸까?

나는 벌써 스물한 살이고 시간은 계속 지나가고 있고 죽지 않는 한 언젠가는 나도 서른 마흔 쉰 살이 되겠지만 내 얼굴과 몸이 지니는 숫자만큼 나는 그에 알맞은 생각을 할 수 있을까 두렵다.

결론은 우리나라는 전문대나 훈련생이라는 차별을 받지만 선진국일수록 학벌보다는 경험과 능력을 더 우대한다는 겁니다.
예를 들어 내가 강아지를 좋아하고 동물을 좋아해서 애견훈련사가 되고 싶으면, 대학을 들어가야 하는 수능시험과 싸우고 4년 동안 시간을 낭비하는 것보다 애견훈련과가 있는 전문교육을 받는 것이 평생직업으로 이어지고 백 번 더 의미 있고 행복하지 않을까요?

네 그렇죠. 애견 훈련 하고 싶은데 명문대 타이틀이 무슨 소용일까요? 그런데 그것보다는 동물을 좋아하는 것을 직업을 살리기 어려운 특성이나 그것마저도 못 해보고, 좋아하는 것도 잘 알지 못하는 것도 문제라는 생각이 들어요.
학벌도 그렇지만, 또 요즘엔 금수저 흙수저 하면서 부모님의 재력에 대해서 비교하고 때로는 불만을 품기도 한다는 보도가 요즘 많습니다. 이 단어 들어보신 적 있으신가요?

영어로도 'Silver Spoon'이란 표현이 있어요. 학생들이나 젊은 청년들의 문제만은 아니라고 생각합니다. 그만큼 더 편해진 세상이 왔기에 재력을 가진 부모님이 있는 친구들이 부럽겠지요. 하지만 '학력'과 '재력'은 절대로 '실력'과 '경험'을 이겨낼 수 없는 게 선진국의 현실입니다. 부모를 잘 만나서 부적절한 특례입학으로 명문대를 들어간다고 해도 졸업 후 본인이 배운 만큼 실력을 발휘할 수 있을까요? 그들이 돈 많다고 부러워할 수도 있지만 그런 사람들 때문에 실력이 있어도 못 배우게 되는 사람들이 많다는 게 더 안타깝지요.

  ☺ #

나의 *Identity*(개성)란 자기 앞가림을 먼저 할 수 있다는 전제하에 성
립할 수 있다는 생각이 든다.

그러면 나는……나의 아이덴티티는 무엇일까?
쉽게 대답할 수 없는 질문이다.

우진

네. 한 가지 사례 속에 감춰져 있는 다른 안타까운 측면도 물론 있는 거네요……. 그리고 요즘 많은 청년이 공무원이 되고 싶어 하는데, 그 이유는 안정적인 일자리를 원하기 때문이라는 생각이 들어요. 일반 기업은 대기업과 중소기업 사이의 임금 격차나 복지 수준에서도 차이가 커서 대기업 일자리를 선호하지만 그것 또한 일과 삶 사이 균형Work and life balance적인 면에서는 공무원보다 못하다는 인식이 있습니다. 그리고 일반 기업보다는 공무원 연봉이 상대적으로 나쁘지 않다는 인식 등이 있는데요. 그런데 최근 자료에 의하면 70만 명이 공시생(공무원 준비생)이고 공무원 선호도가 사실 자리에 비해 지나치게 높은 것이 아닌가 하는 생각이 듭니다. 이 점 어떻게 생각하시는지요?

내가 아는 사실은 오래전 대한민국에서 공무원이라는 자리는 그렇게 희망적이지 않고 선호하는 직업이 아니었다고 생각합니다. 이후 (A-15) (283P) 나라가 급속도로 발전하면서 이에 따르는 후유증이라 할까요. 청소년들은 자살하고, 이혼율은 역대 최고, 갤럭시는 불타고 VIP는 추락하고……. 올라가면 내려온다고 불안한 사회나 경제적인 문제가 발생하면서 이에 맞서 (A-16) (023P) 안정적인 직장을 찾기 위해 공무원이란 직업이 선호직업으로 발전됐다고 생각합니다.

Chris

#7 대체 어떻게 만들 수 있는 거지?

(B-02) "여섯 시 삼십 분, 서울로 가는 무궁화 열차 1554호에 탑승해 주십시오.

여섯 시 삼십 분, 서울로 가는 무궁화 열차……."

아직 동이 트지 않은 새벽, 기숙사를 나와 긴 내리막길을 지나서 나 말고는 아무도 없는 버스를 타고 서울로 향했던 날이 생각난다.

때는 오늘로부터 딱 2년 전, 예술의전당에서 하는 4대의 피아노 공연 '백건우와 김태형, 김준희, 김선욱'을 보기 위해서 였다.

주머니가 가벼운 학생이라 서울로 가는 가장 싼 방법 중 하나인 무궁화 열차를 타고 올라가는데, 당일치기로 장장 왕복 9시간이 걸리는 길이지만, 버스와 지하철과 기차를 타도 하나도 힘들지가 않고 설레고 무척 떨렸다.

그런데 그중에서도 그 날은 정말 특별한 날!

내가 예술경영의 꿈을 꾸게 했던 두 명의 피아니스트를 오늘 공연에서 볼 수 있기 때문이었다.

하지만 청년들이 희망과 꿈을 위해 보다 창의적이고 남다른 창업에 도전하지 않고 편하고 안정적인 직업을 선택하는 것은 그만큼 편한 세상이 되어서 활동적이지 않아도 편하게 앉아서 주어진 일을 하고 생각도 많이 하지 않는 그런 게으른 패턴이 된 것도 같습니다.

Chris

우진

넉넉하지 못했던 부모님 세대와는 다르게 예전보다 살기 좋아지고 편한 세대를 사는 우리 청년들은 한편으로는 더 당당하지만 누구보다 두려움이 많다고 생각해요. 정답을 맞혀야 똑똑하고 공부를 잘하고 훌륭한 사람이 될 수 있다는 교육과 그런 사회적 분위기 속에서 자라서 그런 것 같아요. 남의 시선도 중요하게 생각하지만 함께 간다는 생각보다는 혼자 경쟁 속에서 살아남고 또 이겨야 한다는 생각이 지금 여러 가지 사회 문제로도 이어지고 있다는 생각도 드네요.

재미있는 이야기 하나 해줄게요. 최근 교포대학생 인턴이 있었는데 옛날 한국에서 있었던 아빠 이야기를 하더군요. 그 당시에는 형제도 많고 너무 못 살아서 부모가 자식을 버리는 그런 시대였는데 당시 7살밖에 되지 않았던, 학생의 아빠가 친구들하고 산에서 놀다 집에 오니까 아버지가 갑자기 5+5가 뭐냐고 묻더래요. 답은 알고 있지만 뭔가 이상하다 생각해서 7이라고 대답했답니다. 그런데 다음날 식구들이 자기만 시골 할머니한테 남기고 모두 서울로 도망갔다고 하더군요.

Chris

피아니스트 백건우 그리고 김선욱.

그때보다 더 어렸던, 고등학교 2학년 11월 어느 날 눈이 펑펑 내리는 추운 날씨를 뚫고 익산에 하나밖에 없는 유일한 공연장이었던 '솜리문화예술회관'에 갔던 날, 그 날 봤던 백건우 선생님 공연의 감동을 나는 아직도 잊지 못했다. 그리고 너무 행복했던 그때의 그 기억으로 평생 이런 음악을 듣고 이런 음악을 만드는 일을 하면 무슨 일이든 참 좋겠다는 생각을 했다.

'평생 이런 일을 하면서 살 수 있다면!'

그 날 들었던 브람스 피아노 협주곡을 더 듣고 싶어 여러 영상과 음원을 찾다가 피아니스트 김선욱을 알게 되었고 이제는 연주일정을 미리 알아보고 연주에 따라다니며 팬 카페에 가입할 정도로 좋아하게 되만약 지금 이런 질문에 또 '7'이라 대답하면 왜 그렇게 생각하냐고 물어보는 부모가 얼마나 있을까요? 바로 내 자식이지만 '바보'라고 결론 내렸겠지요. 본인들이 고생한 만큼 자식들이 편해야 성공이라는 부모들의 마음을 잘 이해가 가기는 힘들 거예요. 내 자식이 틀린 답을 했더라도 그 이유를 묻고 대화하는 습관을 가르쳐 주었다면 편한 공무원보다는 도전해야 하는 창의적인 일을 선택했을 거라고 생각됩니다.

 헐. 좀 충격적이기도 하고 웃기기도 하고 슬프기도 하고 막 그런데요……. 그러면 궁금한데 그 학생 아버님은 지금 어떤 일을 하고 계시나요?

오래전 미국에 이민 와서 자식들을 키우고 지금은 호텔 두 개를 운영하고 있어요. "5+5"가 몇백만 달러가 넘는 답을 만들어낸 천재입니다.

우와……. 대단하시네요! 그런데 그분 부모님도 그렇지만 제 부모님 그리고 많은 부모님이 자기 자식에 대해 얼마나 알고 계실까요? 답이 틀리든 맞든 왜 그렇게 생각했는지 궁금해하고 [A-17] [023P] 이유를 물어보며 자식에게 관심을 가지는 부모님들이 많지 않다는게 현실인지……. 안타까워요ㅠㅠ

었다.

(B-16) 객석을 둘러보니 나 말고도 많은 사람이 좋아하는 피아니스트들이 나오는 공연이라 그런지 예술의전당 콘서트홀의 그 많은 좌석이 빈자리를 찾기 어려울 정도로 빼곡히 들어찼다. 무대 위에는 4대의 피아노가 원형으로 설치되어있고 4명의 피아니스트가 함께 연주하기 시작했다.

그동안 공연을 많이 보기는 했지만, 피아노 4대를 한꺼번에 연주하는 공연은 본 적이 없어서 신기했다. 공연이 시작되고 조용한 멜로디로부터 시작해서 점점 커지는 돌림노래처럼 퍼지는 음악을 4대의 피아노에 앉은 연주자들이 같은 악기를 이용해 서로 다른 소리를 내고 또 그것이 하나의 합창처럼 느껴져서 정말 멋지고 경이로운 경험이었다. 라벨의 '볼레로Ravel-「Bolero」'였다.

스승과 제자 셋처럼 대선배와 신예연주자 세 명이 하나의 곡을 연주하는 모습을 보다 보니 각자가 생각하는 예술과 노력 그리고 그동안 살아온 삶이 그려지는 것만 같았다. 서로를 향한 애정과 팀워크가 빛나는 그런 연주였다.

나는 합창석에 앉아서 공연을 보는 관객들 표정을 하나하나씩 보았는데 다 나와 같은 감정을 느끼고 있는 것 같았다. 사람들의 마음을 울리는 것을 너무나 잘 알 수 있었다. 그 수많은 객석에 꽉 찬 관객들로 둘러싸인 가운데 자그마한 무대에 선 연주자가, 수많은 마음을 음악으로 울리고 소통하는 그런 점이 신기하기도 했다.

7+7=

내가 보았던 어떤 공연들보다도, 아니 다른 공연들과는 비교하기 어려운 정도의 소통이 있었다. 사람들은 연주자의 작은 몸짓과 소리에도 하나하나 반응했고, 감정표현을 크게 하지 않아도 느껴지는 무언가가 있었다. 그렇게 한마음이 되어 객석도 무대도 모두 하나의 공연인 것처럼 느껴졌다.

도대체 어떻게 이런 음악을, 이런 공연을 만들 수가 있는 거지?
나는 보고 들으면서 알 수 있는데…….
수많은 관객 중 하나로, 나도 그를 보고 있는데 저 무대 위 그 사람도 나를 보고 있을까?
같은 마음으로 함께하고 있을까? 하는 궁금함이 생기고 설레고 떨리는 것을 느낄 수 있었다.

그렇게 공연이 끝나고 출연자 출입구 앞에서 사람들과 함께 사인을 받으려고 출연자를 기다렸다.
팬 카페에서 만나 이전 공연에서 만난 적이 있었던 분이 계셔서, 그 옆에 나도 마찬가지로 줄을 서서 공연 이야기를 하며 기다렸다. 그 순간 김선욱 씨가 나에게 다가와 눈을 맞추고 사인을 해줬다…….

떨리고 설레이는 그 순간, 나는 이성적인 사랑이 아닌, 뭔가 희미하지만 설레는 또 다른 사랑을 느끼고 있었다.

우진이는 어렸을 때 피아노 학원이나 미술 학원 등 뭔가 집에서 시키지 않았나요?

Chris

우진

네! 저는 6살 때 집 근처 피아노 학원에 엄마를 졸라서 다니기 시작했던 기억이 아직도 남아있어요. 하지만 미술 학원은 흥미는 없었는데 엄마 손에 이끌려 다니게 되었고 태권도는 아빠의 강요에 배우게 되었습니다. ㅋㅋㅋ 아마 제 또래면 피아노 학원 안 다녔던 친구들 찾기 어려울 거에요.

오래전 대한민국 남자들은 어렸을 때 태권도를 배웠고 나중에는 리더십을 키우라고 웅변 학원에 보내졌죠. 이 모든 것을 보면 남에게 잘 보이기 위해서나 남보다 잘하기 위한, 즉 혼자만을 위한 기초 교육 과정이었어요. 남의 자식이 하니깐 내 자식이 해야 하고 남이 하니깐 나도 해야 하는 명품가방과 비슷한 부모님들의 교육 방식이었습니다.

Chris

그래서 오래전 우리는 올림픽에서도 단체로 하는 운동보다는 탁구, 복싱 등 혼자서 하는 운동들이 인기 종목이었습니다. 반면 미국 부모들은 아이들에게 단체로 하는 운동인 축구를 여자아이들에게, 야구는 남자아이들에게 추천하면서 주말이면 항상 함께하는 시간들을 보냅니다. 어렸을 때부터 단체 운동을 통해 팀워크와 소통하는 방법을 가르치고 함께 의논하고 자신감과 리더십을 가르치고 있지요. 이런 교육 과정이 고등학교까지 유지되고 대학이나 취업에 대한 진로에 큰 도움이 되고 있습니다.

무엇일까?

(A-08) 하지만 그런 행복한 순간도 잠시뿐!

시간이 늦어져서 다시 집으로 내려오는 심야 버스 막차를 타러 서둘러 남부터미널에 뛰어오면서, 정말 서울에 있으면 이런 공연도 내키면 당일에도 볼 수 있고 집에 갈 걱정을 하지 않아도 된다는 점이 너무너무 부러웠다.

지방에서 볼 수 있는 공연이 정말 별로 없다는 것과 맞물려 너무너무 내려가기 싫어졌다. 집에 가기 싫어졌다. 지방에서 벗어나 서울에서 살고 싶어졌다.

나는 한예종도 떨어졌는데, 또 시험을 봐도 붙을 수 있을까?

대체 어떻게 그렇게 만들 수가 있는 거지?

머리가 더 복잡해졌다.

우진

그 부분은 정말 좀 다른 교육 방침이고 부럽게 생각합니다. 요즘에는 피아노는 기본이고 조기유학이나 해외 어학연수, 교환학생 등은 조건만 된다면 서로 가려고 하는 분위기에요. 이 모든 과정이 남보다 내가 하나라도 더 잘하거나 한 줄이라도 더 써서 경쟁에서 이기기 위해 발전되었다고 생각이 들어요.

그리고 (A-18) (157P) 사회에서 함께 성장하기 위해 팀워크와 리더십 그리고 자신감을 단체 운동을 통해서 기르는 그 과정이 참 좋다는 생각이 들어요. 입시 위주의 중고등학생 시절을 지냈던 저의 경우에는 고등학교 3학년 때는 체육, 음악 같은 예체능 수업들이 엄청 축소되고 그 과정에서 체력이 많이 약해졌어요. 어떻게 보면 운동하고 그러는 습관이 잘 들지 못했던 것 같기도 하고요. 수능 대비로 하는 필기 공부뿐만이 아니라 사회적인 소양을 기르는 전인 교육이 좀 더 강화되어야 할 것 같네요.

이것도 부족해 상당한 부모님들은 요즘 코, 눈 등등은 기본, 그 위험하다는 양악수술까지 자녀들에게 성형수술을 졸업선물로 하고 있습니다. 그 얼굴과 그 모습으로 태어난 자식들이 본인들 책임인데 왜 능력보다는 외모에서 자신감을 키우라고 열심히 고쳐주고 있는지……. 이해하고 싶어도 참 한심하다 생각합니다.
Chris

자신감을 갖는 것도 중요하지만 행복을 위한 기본적인 교육은 아니라고 생각합니다.

#8 나는 삼수에 대학간다, 또……

(A-01) 와우! OMG! 오매! 우짜쓸까!

살면서 오늘처럼 감정이 북받쳤던 적이 얼마나 있었을까?

오늘 처음으로 정말 꿈에서도 바라던 학교에 갈 수 있게 되었어.

스물한 살……. 너무 불안하고 한 치 앞도 알 수 없는 나이를 사는 내가 어떤 커다란 응답을 받은 것 같다.

이번이 세 번째 치르는 입시, 물론 고3 때와 작년 시험에서는 떨어졌다. 꿈에서라도 걷고 싶었던 나의 길……. 그 길에 대한 생각이 인정을 받은 느낌이다.

눈을 감고 들어가 보았던 합격자 조회 창에서 '합격' 글자를 보고서 이게 진짜일까 믿을 수 없었다.

오류일 수도 있잖아……전화를 걸었다.

대학도 시설과 자원이 있는 한 기업입니다. 학교라
는 기업 안에서 동아리를 통해 많은 활동을 하며
학생들과 소통하는 방법을 배우고 책임과 리더십
을 키워야 합니다. 든든한 1인 창조 기업을 위한 연
습은 반드시 학교에서 이루어져야 한다고 봅니다.

Chris

우진

저도 그렇지만 요즘 청년들은 지방에서 서울로 오
는 것뿐만 아니라 서울에서 외국으로 진로를 정하
려고 노력하고 있습니다. 글로벌 인재, 이런 관점도
물론 있지만 한국이 싫어서 '탈조선'을 하려는 거
라면 문제가 좀 다르다고 생각해요. 경제적인 문제
도 그렇고 점점 과열되는 치열한 경쟁 속에서 탈출
해서 자신에게 더 나은 곳이 있을까 그렇게 생각하
는 것이 아닌가 해요.

우리보다 더 심각한 경제와 정치적인 압박에 못 이
겨 (A-19) (043P) 목숨을 걸고 탈북한 새터민이 이
제 대한민국에 3만 명이 넘는다고 하네요. 아직도
피부 색깔이 다르다는 다문화 가족과 자녀들을 무
시하고, 사투리를 사용하는 지방 학생들을 차별하
고, 스펙이 부족한 평범한 학생들을 차별하는 사회
에서 자유를 찾아온 그 많은 탈북자 가족과 자녀
들이 받을 고통과 고민을 생각해보세요. 이들보다
무엇이 더 부족해서 (A-20) (219P) '탈남'과 '탈조선'
을 꿈꾸고 있는 대한민국 청년들······. 과연 누구의
책임일까요? 우리 부모와 사회에 있지 않을까요?

Chris

Chatting

　합격, 컴퓨터 화면을 다시 켜고 수험번호와 개인 정보를 쳐보기를 여러 번, 드디어……현실이었다.

　수능을 전혀 반영하지 않는 한예종 입시, 1차는 영어랑 창사능(창의적사고능력평가), 그리고 약간의 고등학교 성적, 2차는 면접이랑 워크숍으로 이루어졌다.

　솔직히 이번이 마지막이라고 생각했기 때문에 그냥 있는 그대로, 내가 생각하는 대로 꾸밈없이 이야기할 수 있었고 무엇보다 입시를 하는 방식도 흥미롭고 과정 자체가 즐거웠다. 손은 덜덜 떨리고 심장은 쿵쾅쿵쾅. 너무 많이 떨렸지만 내가 원했던 것이어서 행복했고, 진심으로 생각하는 것들을 이야기하니까 그래도 편안하게 면접을 볼 수 있었다. 같은 조 사람 중에서는 무슨 얘기를 하다가 울먹거리며 진짜 우는 사람도 있었고 괜히 과장해서 거짓말하는 것 같은 사람들도 있었지만, 나는 이 정도면 후회 없다는 생각이 들었다. 이렇게까지 진심으로, 최선

우진

저도 대한민국의 한 청년으로서 여기서 제가 받은 교육이 과연 누구를 위한 것인지 의심이 많이 들어요. '탈남'과 '탈조선'을 꿈꾸고 실행하려는 제 주위 많은 친구를 보면서 제가 하는 이 생각이 저만의 것이 아니라는 걸 느끼고 있어요.

그런데 저는 여기서 왜 이렇게 사람들이 제 나라를 싫어하고 버리고 떠나려고 하는지, 왜 이렇게 힘들게 버티면서 살아가는지 궁금해지더라고요. 청년 실업자가 늘고 불황은 계속되는 데다가 우리 사회에 있는 여러 가지 문제들이 우리 청년들이 대한민국을 '헬조선'으로 인식하게 하지 않았을까요? 이런 우리 청년들의 심정을 이해하지 못하고 개성이 없는 주입식 교육 등의 시대착오적인 기성세대의 발언들이 우리를 더 힘든 현실 속으로 내모는 것이 아닌지 그런 생각이 들기도 하네요!

나도 이것은 그 누구 개인의 노력 문제가 아닌 대한민국의 비현실적이고 비정상적인 사회 문제라고 생각됩니다. 한국전쟁 이후 수단과 방법을 가리지 않고 급진적인 발전을 이루어 낸 대한민국은 성장을 위해 앞만 보고 달려왔습니다. 경제는 발전하고 수많은 자동차, 높은 건물들 수많은 학교가 만들어졌죠. 모두 더 멀리 더 높은 목표를 위해 노력하지만 대한민국 행복지수는 꼴찌이고 학생들 행복지수는 1%도 안 되는 현실을 만들어냈습니다. 일주일에 30시간도 공부 안 하는 선진국과 달리 대한민국 학생들은 50시간을 공부합니다.

Chris

을 다했는데 그래도 아니라면 그냥 인연이 아닌 것으로 생각하려고 했는데…….

이제는 진짜 갈 수 있게 되었다.

음……. 단순한 생각일지도 모르겠지만 내가 한예종을 고집하고 세 번이나 도전했던 이유는 분명히 있다. 공연기획자를 꿈꾸는 내가 지금 우리나라 예술 분야에서 선도적인 역할을 하는 학교에서 공부하고 사람들을 만나는 것이 앞으로의 내 길에 지금 부산에서 공부하는 것보다 훨씬 도움이 될 거라고 생각했기 때문이다.

가끔 시간을 내서 서울로 공연을 보러 갈 때 예술의 전당 공연장 바로 옆에 있는 한예종에 매번 가서 부러워하던 시간을 내 마음속에 담아 두고 있었고, 또 다른 세상에서 비슷한 꿈을 꾸는 사람들을 매일 만나서 공연 얘기를 실컷 하고 또 같이 만들어보기도 하는 꿈을 꾸었다.

그리고 나보다 먼저 이 길을 걸어간 선배, 선생님들도 만나고 싶었다.

But…….

나는 이렇게 꿈같은 세상 그리고 학교를 상상했지만, 부모님과 친척 어른들은 이제 세워진 지 20년도 되지 않은 이 학교에 대해서 잘 모르시고 그냥 '연예인 다니는 학교'로 생각하기도 하신다는 게 서운하고 설득하기도 어려웠다. 사실 또 떨어질까 봐 집에는 이번에도 본다고 알리지 않고 시험을 본 것이라 부모님 지원도 받을 수 없었다.

Chris

숙제가 없는 학교와 교육은 학생들에게 교과 공부 이외에도 생각하는 시간, 관찰하는 시간, 친구들과 어울려 함께 문제를 풀어가며 지혜를 얻고 운동하는 시간들을 제공할 것이고 보다 건강한 교육이 될 것입니다. 취업과 성공만을 위한 교육보다는 느끼고 감상하고 즐기는 그런 교육만이 선진국으로 가는 길이고 행복지수 꼴찌를 벗어나는 방법이라 생각됩니다.

우진

일주일에 50시간이 뭐예요…ㅋㅋㅋ 제가 고3일 때는 학교에서 친구들에게 밤에 야간자율학습 끝나고 집에 갈 때 이렇게 인사했어요. '잘 자고 와!' 이렇게요…ㅋㅋㅋㅋ ㅠㅠ 아침 8시부터 저녁 10시까지 학교에서 보내고, 집에 가서 잠만 자고 또 학교 가는 거니까…….
그리고 숙제 없는 학교라니요? 요새 초등학생들도 학교-학원-숙제 세 개 때문에 밤잠을 못 이루고 놀이터에는 노는 애들이 없다고 많이 들어서 마음이 아팠는데요, 듣기만 해도 설레네요. 오늘은 누구랑 뭐 하고 놀지? 이런 고민 ㅋㅋ 많이 놀아본 적이 없어서 우리 학생들이나 청년들은 이것도 고민이지 않을까요?

Chris

요즘 청소년들이 숙제하고 공부하고 오직 대학 입학을 목표로 하면서 노는 방법을 모르는 비극적인 삶을 사는 반면, 최근 부모를 잘 만나 특혜로 유명 대학에 쉽게 들어간 사람이 있었죠. 그것이 분노의 이유가 되어 사람들은 거리에 나오기 시작했습니다.

Chatting

생각대로 이루어지는, 이 미친 세상에서 날아갈 것처럼 행복하고 눈물 나지만 한편으로는 막막하기도 하다.

어떻게 말을 꺼내야 할까? 어른들이 다 아는 부산대 2년 다녔는데 여기 그만두고 서울 간다고, 아무도 모르는 학교에서 다시 1학년이 된다고……. 내가 너무 이기적인 걸까? 내 꿈을 위해서? 오만 가지 생각이 다 든다.

합격해도 고민이 이렇게 많을 줄은 몰랐다. 하지만 이런 걱정들은 미뤄두고 합격의 기쁨을 만끽할 것이다.

오늘만은…….

얼마나 힘들면은 이렇게 중고등학생들의 목소리가 높아졌는지 이해가 됩니다.
Chris

우진
예전 같았으면 어른들이 어린 것들이 알지도 못하고 떠든다고 야단치고 소리 질렀을 텐데 이제는 박수를 치는 현실에 저도 공감하고 부끄럽게 생각하고 있습니다.

아 또 있네요. 학교에서 학점도 빼자고요 ㅋㅋ 내가 학교에서 수업할 때 첫날 학생들에게 본인 Chris 들 이름 적고 원하는 학점을 적어달라고 했어요. 물론 'F'를 적은 학생은 없었고 'A+'부터 원하는 다양한 학점을 적었어요. 그리고 나는 중간고사나 기말고사도 없이 학생들에게 본인들 관심 속에 원하는 프로젝트 개발에 정보와 도움을 제공하고 무조건 원하는 학점 약속을 지켰습니다. 이 이후로 16주간 단 한 번도 학생들이 결석한 적 없었고 대부분 후회하더라고요. 그때 'A+' 적을 걸 하면서……. 좋아하고 관심 있는 주제로 함께 배우고 나누고 의논하고 풀어나가는 실제적인 수업 과정이 행복과 좋은 결과를 만들어냈고 이후에도 본인들의 프로젝트 연구가 사회적인 작품으로 발전되어 이득을 만들어내는 콘텐츠가 되었습니다.

우진
우리도 이런 수업을 이해해주는 사회가 오고 우리 부모님들도 우리가 행복한 교육을 받고 하고 싶은 것을 하는 그런 '현실학교' 사회가 언젠간 오겠지요?

+   ☺ #

#9 스스로 어쩔 수 없는 끌림, 사랑

올해 부산국제영화제에서 《영원한 사랑》이라는 태국영화를 봤는데, 그걸 보고 나와서 영혼이 빠져나간 것처럼 비틀거리며 걷는 내 모습을 본 친구 왈,

"우진아 괜찮아? 좀 앉을까? 휴, 대체 뭘 본 거야? 제목이 뭐야?"

"영원한 사랑……."

하……. 영원한 사랑이래서 해피 엔딩으로 백년 해로하다가 잘 끝나는 영화를 기대했는데,

이게 웬걸, 불륜하다가 벌 받아서 서로 미워하고 끝나는 이야기였다.

영화에 나오는 그 둘은 처음에는 엄청 사랑해서 서로 못보면 죽을 것 같이 사이가 좋았지만 결국에는 영원한 사랑이란 없었고 서로를 해치게 되었다. 나는 그 비극적인 막장 영화를 도저히 견딜 수 없어 뛰쳐나와서 결국엔 마지막 몇 분은 보지 못했지만 그 날 반나절동안 그 영화는 나를 엄청난 충격에 휩싸이게 했다.

영화관을 나와서 친구랑 밥을 먹고 이런 저런 얘기를 하다가 기숙사에 들어와서 정신을 차리고 보니 영화의 제목인 '영원한 사랑'이 머릿속에서 떠나지 않았다.

커피타임 잠깐의 내 생각
(나만의 현실학교를 설계하기)

아침에 수업 시작하는 시간?   시   분

수업 마치고 집에 가는 시간?   시   분

숙제가 있다 vs 없다?

하루에 잠자는 시간?

중간이나 기말 시험이 없다면 그 대신에?

방학 때 하고 싶은 미션은?

□□□P

왜냐면 나는 요즘 토론 모임인 '인빅터스'에서 인간 그리고 인간의 삶 자체가 영원하지 않은데 우리가 영원을 말할 수 있을까, 라는 이야기를 해오고 있기 때문이다.

영화에서처럼 이렇게 삶이 남녀의 사랑을 갈라놓는다면 얼마나 아플까?

내 모든 걸 걸고 사랑하는 사람이 만약 이제 내 곁에 존재하지 않는다면 얼마나 고통스러울까?

이렇게 영원하지 못할 거라는 현실에 또다시 누군가를 사랑한다는 것이 두려워지면 또 어쩌지?

영원과 순간, 존재, 그리고 사랑……. 어마 무시한 단어들이 마구 머릿속을 스쳐 가는 그런 청춘의 밤이었다.

친구와 단기 여행을 필수 과목으로 한다면 어디를 가고 싶나?

꼭 학원에서 배우고 싶은 것?

그래서 나는 나의 영원한 사랑을 찾아야만 했다. 아픔이 없는, 그리움이 없는, 순수하면서도 실현 가능한, 영원한 사랑을 찾고 싶었다.

그런데 그것은 멀지 않은 곳에 있었다.

내가 평소 생각하고 생각하면 웃음이 나오는 그리고 행복한 사랑이 내 안에 내가슴에 항상 있었다는 점을 알게 되었다.

이어폰을 꽂고 언제 어디서라도 나는 다른 세계로 갈 수 있었다.

작은 공간에서 펼쳐지는 작고 신비로운 우주…….

마음껏 웃고 울고 생각하고 공감하고 그리고 대화를 할수 있는 현실의 공간.

이것이 나의 영원한 사랑이 될 수 있을까? 그럴지도 몰라…….

나는 지금 변하고 있고, 세상에 같은 것은 없다지만, 내가 사랑하는 그 순간 나는 영원을 말할 수 있지 않을까?

그 순간들이 모여서 영원이 되는 것은 아닐까? 그런 생각이 들었다.

PART 3

준비와 과정

> 밀어서 잠금해제

#10 과연 좋은 선택은 있을까?

(E-03) 두 달 전 그토록 바라던 한예종에 합격하고서 잠깐 기쁜 시간을 보냈고, 이제는 진짜로 갈 것인지 결정을 할 때가 와서 과사무실에 자퇴신청서를 받으러 갔었다.

똑똑, 노크하고 문을 열고 들어갔다.

"안녕하세요.

"안녕 우진아 왜 왔어?"라고 물어보는 과사무실 근로장학생 선배의 말에,

"자퇴신청서 받으려고요."

"뭐라고? 진짜야? 우진아 진짜 학교 그만두는 거가?"

우진이는 4년 전 처음 인턴십을 지원했던 이유가 뭔가요?

Chris

우진

그 당시에 저는 지방에서 서울로 갓 상경하고 다시 1학년을 시작하면서 교과서만 의지하고 적응하는 시기였습니다. 그래서 제 꿈에 대한 생각은 별로 해보지 못했고 도전한다는 단어는 더욱더 익숙하지 않았어요. 그렇게 아무것도 모르던 시기였는데 (B-01) (121P) 부산대 친구가 참여한 대표님 프로젝트에 얼떨결에 같이 참여했는데 신기하고 그 과정이 궁금했습니다. 그래서 저도 저의 꿈이라는 것에 대해서 한 번 생각해보기 시작했고 저한테 주어지는 기회나 가능성을 조금 더 현실적으로 체험하고 싶었습니다. 그리고 예술학교에 다니면서 제가 하고 싶은 일이나 진로에 대해 더 많은 고민을 하게 되었고, 또 여기에 대한 고민은 평생 끊임이 없을 것 같습니다. 저 같은 청년들이 진로에 대해 많은 고민을 하고 있는데 인생 선배로서 여기에 대해 조언을 해주신다면요?

위에서도 말했지만 간단하게 말하자면 본인의 장단점을 고려하면 답이 나올 겁니다. 장점은 내가 하면서 그 순간 행복한 것이고 단점은 내가 하면서 부족함을 이해하고 채우는 기회라고 봅니다. 이러한 장단점을 바탕으로 본인 성격에 맞는 진로를 잘 계획해야 합니다.

Chris

☺ #

Chatting

"네……. 그렇게 됐어요. 한예종으로 가려구요."

"붙은 거가!"

"네……. 이번에 붙었어요."

"잘됐네. 공연 기획 하고 싶어 했잖아. 거기가 훨씬 낫지, 잘했어!"

"네 감사해요!" 등등의 대화를 마치고 자퇴신청서를 받아 나오는 길이었다.

그 길로 같은 건물에 있는 교수님 연구실에 찾아가 교수님들을 한 분 한 분 찾아뵙거나 전화를 드리기 시작했다.

학교를 그만두고 한예종에 가려고 한다고……. "교수님, 어떻게 생각하세요?" 이렇게 말이다.

"거기가 어디라고 간다고 그러는 건지……. 거기 누가 뭘 가르쳐? 난 반대에요"라고 나무라셨던 교수님도,

"부산대가 학교는 훨씬 좋은데. 다시 한 번 생각해봐. 대학원을 가도 되잖니"라는 소심한 반대를 하셨던 교수님도,

"학교 그만둔다는데 뭐 좋은 일이라고 알려? 학교 바꿔서 후회하는 애들도 많아"라고 하셨던 분도 있었다.

대부분 반대에 거의 모두가 후회할 거라고 하셨지만 내 마음속에 들어와서 화살처럼 콱 박혔던 말은

"이미 마음의 결정 다 내린 거 아니야? 가려고 시험 봤으면 가야지

우진

음……. 장점은 행복? 단점이 기회라고요?
저는 그러면 장점인 행복은 적어서 지금은 그다지
행복하지 않지만, 단점이 많으니까 앞으로 많은 기
회가 올 거라고 생각하면 될까요?

그렇죠, 그렇게 볼 수 있겠어요. ㅋㅋㅋ
그러면 우진이가 그 전공을 하게 된 계기는 뭐에
요? 어떤 생각에서 정하게 된 건가요?

Chris

우진

저는 맨 처음에 예술경영을 공부하겠다고 결심했
을 때에는 그저 (B-02) (069P) 음악과 예술이 좋아
서 그리고 제가 좋아하는 일이니까 제일 잘할 수
있지 않을까 하는 생각이 있었어요. 그게 고등학
교 2학년 때였는데, 구체적이지도 않고 굉장히 추
상적이었어요. 사실 지금도 여러 가지 공연들을 만
드는 걸 수업으로도 해보고 다른 경험들도 해보았
지만 아직도 그 현실에 대한 생각은 어린아이가 밤
길을 걷는 것 같이 두렵습니다. 진로에 대한 고민
에 조금 더 구체적인 준비와 과정들은 무엇이 있을
까요?

이제 장단점을 알아보는 계기가 되었고 또 우진이
가 생각하는 본인의 '취미'와 '관심 분야'는 뭘까
요?

Chris

Chatting

뭘 고민하고 있어?"라고 혼내셨던 교수님의 말씀이었다.

그리고 친구들과 선후배들에게 말했을 때는 모두가 대단하다고 축하한다고 했다.

다들 대학에 오기는 왔지만 만족하지 못해서 반수나 편입을 시도하기도 했지만 실패하고서, 진짜로 성공하는 경우를 거의 보지 못했다고도 했다. 아마도 원하는 학교에 가고 싶다는 작은 꿈과 목표를 위해서 달려왔던 지난 시간들, 서울에 올라가면 학교에 가서 복도도 걸어보고 사진도 찍으며 언젠가는 이곳에 오겠다는 꿈을 키우고 책을 보고 공연을 봤던 시간들이 모여서 지금을 이루게 되었을 것이다.

그래, 사람들의 의견은 중요하지만 무엇보다 어디에 있기로 결정하든 'give and take' 란 있기 마련이고 어느 것이 나에게 더 중요하며, 내가 원하는 것인지 정확하게 파악하고 결정해야 한다.

나중에 정말로 어떤 교수님 말씀처럼 후회하게 되더라도, 지금 내 가슴을 뛰게 하는, 그리고 두렵기도 한 이 도전을 나는 계속해 나가야 하지 않을까?

이 도전 다음에는 또 어떤 것들이 나를 기다리고 있을까?

나는 또 어떤 아쉬움들을 가지고 다음 단계를 만들어나가게 될까?

설레는 마음…….

(F-01) 하지만…….

나의 취미는?

이렇게 하나를 얻기 위해 버려야 하는 것들이 많다면, 앞으로 살면서 선택을 해야 하는 순간들에 더 많이 놓일 것이라는 생각이 들었다. 그리고 어른이 된다는 게 점점 갖게 되는게 많아지는 거라면, 소중한 그걸 지키기 위해 내가 한없이 약해질 수 있는 거라면 나는 정말 어른이 되어야 하는 것일까? 어른의 기준은 뭘까? 이런 질문이 생기기 시작했다.

사람들이 말하는 성공이 아닌, 내가 생각하는 나의 성공한 삶은 어떤 것인지 생각해보게 되었다. 나는 매일 매일 하는 일에서 희망과 보람을 찾고, 느끼고, 내가 무언가 도움이 되는 사람이라는 것을 느낄 때 행복함을 느낀다. 그리고 그 행복함을 목표로 두고 하나씩 성취할 때 성공하고 있다는 생각이 든다. 매일 매일이 새롭고 떨리고 서툴지만 하나씩 답을 찾고 조금씩 그 답에 가까워지는 것이면 나는 성공한 것이지 않을까? 이런 생각도 해본다.

그리고…….

행복하기 위해 산다는데 그러면 행복이란 무엇일까?

무엇이 행복일까?

내가 내 인생에서 성공하고 갖고 싶은 것들을 갖고, 이루고 싶은 것들을 이루면 행복할까?

그러면 **성공이란 무엇일까?**

나의 관심분야는?

부와 명예 이런 것들을 얻게 되면 성공하는 것일까?

효율로만 따진다면 지금의 내 결정은 점수가 낮아지는 것일까 높아지는 것일까?

인생은 내가 생각하는 대로 정말로 흘러갈까?

나는 평생 이렇게 이런 모습으로 살아가게 될까?

궁금한 것들이 쏟아지는데 결국 이 질문들에 대한 대답은 나 대신 아무도 대답해줄 수 없다는 것을 다시 한 번 깨달을 뿐이다.

우진

'취미'와 '관심'이요?

Chris

대부분 한국 학생들은 취미와 관심이라는 단어를 구별하지 못해요. 영어로는 Hobby and Interest 인데 우리가 말하는 취미Hobby란 같은 관심 분야 이지만 주로 행동과 손으로 하는 것이에요. 예를 들면 예전에는 우표 모으기, 동전 모으기, 뜨개질, 요리 등등으로 말할 수 있지만 관심interest이란 실질적으로 하지 않아도 눈과 마음으로 보는 것입니다. 예를 들어서 책 읽기, 영화 보기, 미술관 가기, 여행가기 등등이에요. 그런데 내가 그동안 다녀간 한국 학생들한테 이 질문을 하면 단어 자체를 구별 못 하고 대부분 온라인으로 혼자서 영화 보기 라고 했습니다.

우진

아 그러네요. 저도 그 두 단어의 차이를 잘 모르겠 지만 저는 앞서 말씀드린 음악 듣는 것, 공연 보기, 새로운 아티스트 탐구하기, 사람들하고 맛집 탐방 등등에 관심이 있어요.
하지만 제 취미란? 글쎄요……

Chris

그리고 관심은 머리와 마음으로 하기 때문에 시간 이 많이 들지 않지만 취미는 몸과 행동으로 하기 때문에 많은 시간이 소요되는 것도 사실입니다.

#11 나를 깨는 것, 내 Uniqueness는 무엇일까?

(A-14) 지난 주 교수님께서 지도교수님으로부터 이어받으셨다는, 전통있는 과제를 주셨는데 그건 바로 나의 Uniqueness에 대한 5분 발표였다.

나의 유니크함? 나의 특별함?

이 학교에 들어오기 전까지 나는 특별하고 독특하다고 생각했었는데, 여기 오니까 다들 개성과 끼가 넘쳐서 너무 평범한 것이 아닐까, 나다운 것이 뭘까, 그런 생각을 하던 참이었다. 그래서 그 발표 과제를 받고 1주일 내내 밤잠을 제대로 이루지 못할 만큼 노트에 이것 저것 끄적이며 시간을 보냈다.

내 특별함, 독특함이 무엇일까?
남들과 다른 점이 있을까?
발표할 만한 게 있을까?

나는 막 여러 가지 고민들을 해보다가 '나'라는 사람의 기본부터 생각해보기로 했다. 기본에 충실한 것, 그게 가장 중요하고 핵심적인 부분이 아닐까? 내 이름은 유우진, 한자를 풀이하면 비 우, 별 진……

하지만 우리 청소년들은 그런 몸과 행동으로 옮길 수 있는 시간과 정신적인 여유가 없어서 점점 그 단어들의 차이를 이해하거나 실천하지 못하고, 우 리 청소년과 청년들에서 점점 멀어지는 단어라고 생각합니다.

내가 평생 하고자 하는 진로는 멀리 있지 않고 내 주변과 내 머릿속에 항상 있어요. 하지만 그게 현 실적이지 않다는 부정적인 생각과 남의 시선에 망 설이고 실천을 못 한다고 생각합니다.

만약에 내 장점과 단점을 모른다면 나에 대한 배려 나 믿음이 없는 것이고 취미와 관심 분야가 없다면 무조건 시키는 것에만 열심히 한다는 증거입니다. 내가 지금 무엇을 하면서 칭찬을 받든 안 받든 남 의 시선을 두려워하지 않고 최선을 다하면서 이 순 간이 행복하다면 나는 많은 사람에게 인정받는 '달 인'이 될 것입니다.

 하지만 시간과 돈을 무시할 수 없는데요. 제 꿈을 위해 얼마나 더 투자하고 더 노력해야 하는지 알 수가 없잖아요. 만약에 제가 선택한 길에서 이게 아니라고 생각이 들면 돌아가야 하는지, 아니면 그 렇게 생각할 때 더 열심히 해야 하는지……. 아마 누구나 공감하는 고민일 거라고 생각해요. 이 부 분에 대해서는 어떻게 생각하시나요?

Chatting

세상에 꼭 필요한 비와 길잡이가 되어주는 밤하늘의 별처럼 사람들에게 베풀고 꼭 필요한 사람이 되라는 뜻이다. 내 이름은 내가 예술경영을 하고 싶다고 생각했던 이유인, '내가 행복한 것을 더 많은 사람과 나누고 싶은 것'과 연결되는 부분이었다.

그렇게 발표 당일, 나는 이런 이름 이야기로 시작해 전주에서 태어나 부산으로 그리고 지금은 서울로⋯⋯지도에 삼각형을 그리고 내가 왔던 길을 이야기했고, 나를 중심으로 내 관심사들을 주르륵 늘어놓았다.

하지만 아직 나를 한 마디로 언급할 수 없었다. 너무 어려운 과제였다. 역시 다른 친구들의 발표를 들으면서 내 발표는 너무 부족하고 너무 많은 것을 보여주려다가 핵심이 흐려졌다는 생각이 들었다. 각자가 가진 꿈, 생각, 발표 방식 등등을 한꺼번에 보고 들을 수 있었는데, 나이는 나보다 어리지만 간단한 피피티 사진 3장 만으로 반찬가게에 어머니랑 갔던 경험을 들어 '디테일을 살피는' 사람이라는 핵심 키워드를 잘 전달한 친구도 있었고, '나는 팬이다'라는 제목으로 시작해 그 사람의 꿈과 열정이 머릿속에 깊게 남았던 발표도 있었다.

(A-06) 그렇게 내 순서를 기다리며 조마조마하다가 식은땀 나는 발표를 하고, 내 발표가 끝난 뒤에는 다른 친구들이 뭐라고 하는지 감탄하며 배우고, 그런 롤러코스터를 타는 것 같은 2시간이 지났다. 떨리고 아쉽고 수업이 끝나고 기숙사로 돌아오는 길에서 나는 왠지 모를 뿌듯함과 설렘을 느꼈다. 내 안에 있는 작은 새싹이 피어나는 그런 느낌. 빨간

Chris

돈과 시간이 없다는 생각으로 하고 싶은 것을 포기하고 평생 후회하느냐 아니면 시간이 조금 걸리더라도 도전해서 평생 행복하게 사느냐에 대한 문제가 돈으로 비교가 될까요? 당연히 경우마다 다르겠지만 그래서 내 장점과 단점 그리고 관심 분야를 생각한다면 돌아가야 하는 고민이 줄어들 겁니다. 예전에 1인 창조 기업이란 'Creativity'라고 말할 수 있지만 지금 현재 필요한 1인 창조 기업은 'Innovation'이라고 생각합니다. 'Creativity'란 주로 이미 있는 것을 다시 다르게 표현하고 다르게 쓸 수 있는 것이지만, 'Innovation'이란 있는 것을 참고해서 이 세상에 없는 것을 창조하는 것이라 생각합니다.

하고 싶은 일, 이루고 싶은 목적을 위해서 (B-03) (289P) 경쟁을 줄이고 성공률을 높이는 중요한 진행과정이라 생각합니다. 그래서 창조를 한다는 것은 내 목표를 위해 열심히 실천하는 것입니다. 그러면 누구든 내 시간과 돈에 대해 재촉하고 무시하지 않을 겁니다. 다만 내 만족이 관건인데 '만족'은 끝이 없기에 실패와 성공 등 모든 과정을 반드시 거쳐 계속 발전하는 게 성공하는 비결이라고 봅니다.

우진

그러면 대표님께서 말씀하신 Creativity와 Innovation의 차이와 흐름에 대해서 조금은 알겠는데요. 저는 평소에 생각하던 게 극장에서 하는 공연을 온라인과 다른 극장에서 바로 생중계를 하는 것을 생각해보고 1인 창조 기업으로 실천해보고 싶었습니다.

심장 속에서 작은 씨앗을 키우는 그런 느낌이었다.

나는 요즘 너무 힘들지만 너무 재미있다. 재미있고 힘들다.

내가 가지고 있는 약점과 단점들, 그리고 내 작은 세계를 깨고 조금씩 보완하게 되면서 이 학교에 정말 잘 왔다는 생각이 든다. 이 예술경영 수업이나 다른 수업들뿐만 아니라 수업 밖에서도 이 학교에 오기 전에 가장 중요한 목표라 생각하고 꿈꾸었던, '이 분야에 관해서 대화하고 함께할 수 있는 사람들을 만나고 그들로부터 배우는 것'을 매일 하는 그런 순간들을 살고 있다. 그리고 이전에 느꼈던 갈증들이 조금씩 가시고 또 다른 꿈과 목표들이 생겼고, 힘들지만 꿈같은 현실 속에 행복함을 느끼고 있다.

여러 번 읽어보았던 헤르만 헤세의 《데미안》에서는 알을 깨고 나아가는 새에 관한 내용이 나온다.

"새는 알을 깨고 나온다. 알은 곧 세계이다.

우진

그러면 이거는 Creative 한 창조일까요 아니면 Innovative 한 걸까요?

Chris

실시간으로 진행되고 있는 공연을 동시에 온라인과 또 다른 장소에서 영상으로 관람한다는 것은 기존의 기술을 이용하는 것이고 다른 장단점을 제공하지만 이것은 Creative 한 창작이라고 생각합니다. 하지만 이것이 실시간으로 진행되고 있는 공연을 또 다른 장소에서 영상과 함께 관객 참여가 있어서 보여주고 싶은 공연을 기본적인 틀을 벗어나 좀 더 4차원적으로 발전시킨다면 (B-04) (205P) 이것이 Innovative 한 창작이라고 생각합니다.

우진

아 좋은 생각이네요. 비슷하긴 하지만 3차원에서 벗어나 4차원적으로 발전시키는 것이 Innovative 한 것으로 판단할 수 있겠네요.
그러면 요즘 청소년이나 청년들도 그렇지만 제가 밤마다 즐겨보는 게 있습니다. 먹방 아시죠? 요즘 장난 아니에요. ㅋㅋ 먹방 하면 그냥 먹는 거 그러다가 많이 먹는 거, 그러다가 더 매운 거 싫은 거 먹는 거, 그러다가 이것도 부족해서 점점 야한 옷을 입고 많이 먹는 거, 이렇게 점점 바뀌면서 Creative 하게 발전되고 있습니다. 이외에 게임, 음악, 교육, 스포츠 그리고 뷰티 등등 다양한 자기만의 특기를 바탕으로 한 방송을 하면서 억대 수입을 내기도 하는 창조 기업으로 발전시키는 경우도 있습니다.

＋ ☺ ＃

태어나려고 하는 자는 하나의 세계를 파괴하지 않으면 안 된다.

그 새는 신을 향해 날아간다.

그 신의 이름은 아프락사스다."

이런 모든 작은 과정들이 나의 알을 깨는 것으로 말할 수 있다면, 알을 깨고 나아가는 것처럼 이런 힘든 과정이 있기에 나는 조금씩 성장하고 있지 않을까 그런 생각을 한다. 그렇게 가다 보면 이 새처럼 언젠가는 나도 날 수 있게 되지 않을까?

우진

하지만 이제는 이런 방송을 하는 BJ들이 수천 명이 되었고 또 하나의 경쟁이 되었는데요. 뛰어난 외모와 특별한 재능이 없는 제가 이런 공간에서 저만의 Innovative 한 창조 기업을 만드는 방법이 무엇이 있을까요?

Chris

나도 그 먹방 본 적이 있어요. 도대체 그걸 왜 볼까? 왜 할까? 하지만 어떤 간섭이나 다른 사람을 의식하지 않고 그냥 내가 좋아하는 것을 당당하게 보여주는 노력에 대해서 감탄하기 시작했습니다. 예를 들어 어떤 피아노 연주 방송을 하는 친구가 있는데 나도 수많은 명문대 출신 음대생들과 카네기홀 등등 그 유명한 공연장에서 공연한 사람들도 함께 작업하고 알고 있지만 그 명문대도 아닌 그 화려한 배경도 없는 그리고 오직 하면서 즐긴다는 마음으로 당당하게 자기 프로그램을 개발해서 진행한다는 큰 용기가 놀라웠습니다.
그래서 만약 남보다 좋은 조건(외모와 학벌)이 아닌 내가 보다 창의적인 아이디어를 가지고 남보다 인기 있는 프로그램을 개발하고 Innovative 한 창조 기업을 하려면 기존의 온라인이라는 틀에서 벗어나 관객 참여하듯이 오프라인으로 하는 이벤트도 동시에 개발되어야 합니다. 단순히 한 장소에서 실시간으로 연주를 보여주는 것이 아니라 지역마다 흩어져 있는 팬들의 장소를 오가며 팬들을 직접 만나 공연하고 함께 참여하며 곡을 만들어간다면 더 신선하고 인기 있는 방송으로 만들 수 있다고 봅니다.

#12 예종 '유치원' 졸업 파티 기획

2012년 06월 15일

꿈에서도 꿈꾸었던 학교에 진짜 입학했는데, 웬걸, 여기 와서는 잠을 잘 수가 없었다.

내 숙면의 가장 큰 방해꾼은 바로 과제! 과제들이었다. 매일 매일 수업에 가서 과제를 받아와 산더미처럼 쌓인 과제들 속에 이 유치원 졸업 파티 기획도 있었다.

그건 바로 '예술경영입문' 기말과제였다. 첫 수업부터 나의 Uniqueness를 발표하라는 너무 어려운 숙제로 잠들 수 없는 밤을 선사했던 이 수업의 기말과제는 바로 문화 행사를 기획하는 것.

이 과제를 듣고 기숙사 방에 들어와 처음 든 생각은 '이게 뭐야?'였다.

대체 문화 행사를 기획하는 게 뭐야? 공연은 이제 뭔지 좀 알겠는데 문화는 뭐지?

뭘 해야 하지? 좀처럼 갈피를 잡을 수가 없어서 너무너무 어려웠다.

그래서 같은 과제를 받은 친구들과 그다음날 수업 끝나고 학식 먹으면서 이야기를 해봐도 답은 나오지 않았고, 밥을 다 먹고 식당 위층 카페에 올라가 커피를 둘러 마시면서 이야기를 해봐도 같이 머리를 쥐어

이외에 피아노를 치는 것으로 받는 별풍선보다도 다음 장소를 이동하기 전에 이동에 필요한 예산을 팬들과의 약속과 함께 크라우드 펀딩 하듯이 별풍선을 받아 이동 경비까지 미리 받는다면 그것이 더 Innovative 하고 경쟁자를 줄이며 발전할 수 있는 창조 기업이 될 것입니다.

Chris

그러면 기본 틀을 사용하여 있는 것에서만 보지 않고 온라인과 오프라인의 균형을 맞추는 것도 또 하나의 준비과정이고 방법이라고 알게 되었어요! 그런 창작을 하고 창업을 하는 데에 실패와 실연도 있을 텐데 어떻게 극복을 하면 좋을까요?

우진

1인 창조 기업은 학교에서 바로 시작되어야 하고 학교에 다니면서 과제만 하는 게 아니라 내 창작과 창업을 위해 연구하고 실천하고 실패도 반드시 해 봐야 합니다. 실패는 나에게 지식과 교훈을 주고 또 다른 도전을 제공하기도 합니다. 하지만 실패는 현재 냉정하고 치열한 사회에서는 절대 용납되지 않습니다. 될 수 있으면 더 많은 창작을 학교에서 실천해서 실패에 대한 고민과 두려움을 극복하는 과정들을 연습하고 스스로 해결하는 자세가 필요하다고 생각합니다.

Chris

제가 아는 사실은 국내에서 보증을 잘못 서고 사업을 하다가 실패를 하면 대부분 금전적인 책임을 끝까지 져야 하고 이에 대한 빚도 대를 잇고 있다고 들었습니다.

우진

뜯고 수첩에 끄적이다가 낙서만 하다가 그만뒀다. 그러고서 다들 공감했던 건 놀고 싶고, 쉬고 싶고, 하루라도 다리를 쭉 뻗고 걱정 없이 지내고 싶다는 것이었다.

그래서 나는 왜 우리는 놀지도 못하고 쉬지도 못하는 것일까? 왜 학교 근처 잔디밭으로 소풍 온 유치원생들을 보면서 할머니 할아버지들처럼 '좋을 때다…….' 이러고 한숨 쉬고 부러워하고 있을까?

우리 아직 20대인데! 왜!

'왜 우리는 유치원생을 부러워하고 그 시절을 그리워할까?'
단순히, 별다른 걱정 없이 행복하게 소박하게 웃을 수 있기 때문이지 않았을까?

그러면 왜 우리는 그렇게 할 수 없는 거지?
이런 생각이 들었다.

모두들 하고 싶은 것을 찾아 이 학교에 오게 되었지만 예술학교라서 힘든 부분들, 어른들의 걱정들, 밤낮없이 돌아가는 학교 일정, 그 수업만 있는 것처럼 쏟아지는 과제들을 무사히 해내며 이제 학기 마지막으로 가고 있었다. 예전 유치원생 때 같았으면 이렇게 많은 일을 해냈을 때 칭찬도 많이 받고 축하하면서 친구들과 함께 뛰어놀았을 텐데.

우진

이런 현실에서 실패한다는 것은 죽음과 비슷해서 쉽게 도전도 못 하고 다시 일어나기 힘든 과정이죠. 그래서 창작과 창업이라는 게 더욱더 어려운 숙제인 것 같습니다.

Chris

생각하기 나름인 거 같아요. 실패 이유는 다양해요. 하지만 노력해서 실패한 만큼 억울하고 더 가슴 아픈 것은 없겠지요. 시작하고 끝을 보기 위해 철저한 준비가 있었다 해도 여러 가지 예상 못 한 이유로 모든 게 무너질 수도 있습니다. 하지만 이곳 미국은 이것을 긍정적으로 보면서 실패에서 다시 일어날 기회를 반드시 제공합니다. 실패도 경험이고 더 뒤를 바라보고 수정하고 더 열심히 다시 시작할 수 있게끔, 모든 것을 잃고 파산해도 집과 차는 지키도록 해줍니다. 다시 일어나라고 말이죠. 우리나라도 그런 아픔을 딛고 긍정적으로 다시 일어날 수 있도록 기회를 주었으면 하는 바람입니다. 이번 미국 대선에서 수많은 사람이 비난하고 욕을 해도 당당하게 미국 대통령이 된 트럼프를 봐도 그동안 네 차례 파산 경험을 딛고서 어마어마한 재력가로 발전했고 이제는 미국 대통령이 되었다는 사실은 노력하는 사람들이 다시 일어날 수 있다는 증거입니다. 누가 뭐라고 해도…….

우진

저도 '창작을 할 수 있을까?' 하는 두려움도 있지만 내가 과연 성공할수 있을까 그리고 나중에 어떤 위치에 있을까는 누구나 장담할 수 없잖아요. 이렇게 제가 원하는 것을 얻게 되는 '성공'에 기준이 뭐라고 생각하세요?

+   ☺ #

하지만 지금은 뭐를 해도 부족하고, 어렵고, 머리를 쥐어뜯으면서 내가 이렇게 아는 게 없고 잘하는 게 없나 자괴감에 빠지기도 한다. 그래서 나는 우리가 다니고 있는 대학교도 유치원과 다를 바가 없다는 생각에, 아무것도 모르는 햇병아리들이 다니는 유치원 같은 1학년 1학기를 마치는 것을 '졸업'으로 생각해서 이 수업의 마지막 시간에 예종 '유치원' 졸업파티(1학년 1학기 종강파티)를 기획하게 되었다.

(A-12) 내가 이 유치원 파티의 총 기획자를 맡고, 수업을 같이 듣는 동기들 3명과 함께 아이디어를 공유하고 모여서 사탕 목걸이를 만들었다. 그리고 평소에 음악에 관심이 많고 본인의 스피커로 노래를 듣는 것을 좋아하는 친구에게 음악 감독 역할을 제안해서 당일에 분위기에 맞는 음악들을 들을 수 있었다. 파티 음식은 각자가 함께 먹을 음식을 가져오도록 준비물로 내주었다. 그리고 파티의 주요 콘셉트는 유치원, 그래서 복장 규정도 만들었다.

그것은 바로 '귀여움!'

옷장을 뒤지고 뒤져서 유치원 하면 생각나는 노란색 티셔츠를 꺼내입고 기숙사 바로 앞에 있었던 파티 장소에 갔다. 나는 여기에 샐러드를 만들어서 가져갔고 다들 집에서 구워온 쿠키, 동글동글 모양도 재밌는 후실리 파스타, 수박 화채 등등을 가져왔다. 유치원이라서 그런지 술은 없었다ㅋㅋㅋ

그렇게 음식도 나눠 먹고 잔디밭에 앉아 음악을 들으면서 이야기도 하고 좀 쉬다가 파티의 하이라이트인 사탕 목걸이 증정식을 했다. 사탕 누구나 꿈꾸는 성공이란 너무 멀리보지 말고 (B-05) (141P) 작게 긍정적으로 생각하면 성공이 더 가깝다고 느낄수 있어요. 성공, 유명, 부자, 가난이란 단어는 어느 기준에 두고 누가 더 낫다고 볼 수 없다고 봐요. 나보다 가진 게 조금 더 많을 것이라고 그들이 부자고 나보다 적게 먹는다고 가난한 게 아니고 매거진이나 매스컴에 나온다고 누구나 유명한 사람이 아닙니다. 아무런 정해진 기준이 없기에 비록 나의 작은 꿈을 목표로 하고 이룬다면 남들에게는 내가 부자고 유명하고 성공으로 보일 겁니다. 하지만 가장 중요한 건 누구나 하고자 하는 관심과 열정이 있고 그 순간이 행복하다면 그게 바로 필요한 기본적인 자세이고 성공의 비결이다 봅니다.

Chris

어쨌든 지금 현재의 저는 가난하고 유명하지도 않지만 열정은 많은데 이 또한 성공을 위한 과정이 되겠지요?
대표님께서 매년 학생들에게 인턴십 프로그램을 제공하시면서 보람 있었던 점과 아쉬웠던 점이 있다면요?

우진

매년 인턴십을 제공하면서 아쉬운 점은 인턴십이 (B-06) (209P) 전공을 살려 앞으로의 진로를 검토하는 기회가 아닌 졸업만을 하기 위한 종이 한 장을 얻는 과정이었다는 점입니다. 그것이 학생들을 힘들게 했고 저에게도 많은 시간 낭비였습니다.

Chris

목걸이는 유치원 졸업파티의 가장 의미 있는 부분이었다. 다들 유치원에서 파티할 때 사탕 목걸이를 받았던 추억을 간직하고 있었고 나는 그때로 다시 돌아간 것처럼 뿌듯하고 작은 성취를 축하하며 행복해지는 시간을 만들고 싶었다.

파티 전날 슈퍼에서 사탕과 리본을 한가득 사서 사탕 하나씩 하나씩 연결해서 목걸이를 만들었다. 다들 과방에서 과제를 하고 있다가 동기들이 나를 도와 사탕 목걸이를 만들며 다들 엄청 웃고 즐거워했던 기억이 났다. 그리고서 드디어 이 수업을 주관하셨던 교수님께서 한 사람 한 사람씩 목에 사탕 목걸이를 걸어주셨을 때 왠지 모를 뿌듯함과 뭉클함을 느꼈다. 모두가 한마음으로 공감하고 있다는 걸 느낄 수 있는, 주위 사람들과 함께 기쁨을 나눌 수 있는 이 자리를 기획한 내가 더 뿌듯하고 감사했다. 목표한 결과 달성!

내가 처음부터 주도해서 어떤 것을 만들고 또 그것을 만드는 과정과 그래서 터득한 것은 인턴십 첫날부터 본인들의 장점과 단점 그리고 취미를 한번 생각해보는 미션을 만들어 주고 인턴십 업무는 본인들의 성격과 관심 중심으로 정해준 것입니다.
또 다른 아쉬운 점은 대부분 인턴을 했던 3개월이란 시간은 본인을 알아가는 과정으로 삼기에는 너무 짧은 기간이고 또 한국으로 돌아가서 부딪쳐야 하는 현실이 너무 달라 학생들은 혼란스러웠고 더 큰 고민이 되었습니다. 취업이 되지 않는 것, (B-07) (173P) 본인 스스로의 브랜드와 창의적인 마인드가 없다는 점을 모르고 방황하는 학생들이나 요즘 청년들의 현실이 많은 아쉬움을 남겼어요.

Chris

우진

저도 맨 처음에 장단점이나 관심 분야를 물어보셨을 때 되게 고민했던 기억이 나네요…….

그리고 학생들이 미국 인턴십을 온 첫날에 조금 웃긴 질문을 했던 게 있어요. 우진이도 기억나요?

Chris

우진

장점 단점 등등은 기억 나는데…….

결과물로 사람들을 행복하게 혹은 감동할 수 있게 할 수 있다는 것을 이렇게 실제로 겪는 날은 너무 떨리고 또 행복하고 또 아쉬운 부분도 많다. 내 의도대로 잘 될까 안 될까, 마음이 이리저리 갈팡질팡하며 오르락내리락 하는 하루였지만, 침대에 누워 일기를 쓰는 지금 너무 행복하다. 나의 진로를 생각하고 무엇을 해 나갈지 결정하는 데 있어서 내가 참 잘 가고 있다고 생각하게 되는 이런 날이 앞으로 더 많이 왔으면 좋겠다.

개인적인 질문이지만 물어봤어요. 남자친구나 여자친구들이 있냐고……. ㅋㅋ

Chris

기억나요. 저도 그때 남자친구가 있다고 말씀드렸잖아요.

우진

그리고 내가 말했어요. 인턴십 끝나고 한국 돌아가면 바로 다 헤어질 거라고……. ㅋㅋ

Chris

우진

ㅎㅎ 저도 처음에는 이 말이 무슨 뜻인지 잘 이해를 못 했지만……. 저도 결국 그렇게 되었어요……. ㅠㅠ

비록 짧은 외국 인턴십이었지만 조금 더 성숙해서 돌아가서 그 잘생기고 노래 잘하고 춤을 잘 추고 멋있었던 남자친구와 화장을 안 해도 예쁘고 무엇을 입어도 다 멋졌던 여자친구에게 "너는 앞으로 뭐 하고 살 거야?"라는 질문을 내던지고 다들 바로 헤어졌다고 합니다. ㅋㅋㅋ

Chris

#13 다큐《Fading Away》프로젝트 참여

(B-01) 며칠 전 친구의 전화로 나는 다큐멘터리《Fading Away》촬영에 오늘부터 참여하게 되었다!

이전에 부산대에서 과제로 친구랑 같이 단편 영화를 찍어본 적은 있지만, 학생 영화가 아닌 영화 제작 과정에 참여하는 것은 처음이라서 되게 설레고 재미있다.

영화 제목처럼 '사라져 가는 것들'을 잊지 말자는 기록 프로젝트인데 주제는 탱크와 전투 그리고 군인들의 이야기가 아닌 6·25 전쟁 당시 우리 평범한 할아버지, 할머니께서 겪으셨을 이야기를 담은 다큐멘터리이다.

포탄이 터지는 전쟁 장면도 어려운 학술적인 이야기도 나오지 않고 보통 사람들의 가슴 아픈 피난민 이야기와 사연들이 마음을 울리고, 이런 희생이 있어 우리가 있다는 그런 중요한 의미와 교훈을 제공하는 그런 영화이다.

나는 이제껏 6·25 전쟁이라고 하면 그저 교과서나 영화에서 보았던 군인이나 탱크가 나오는 전투장면이나 피난민, 고아들로 북새통인 거리 모습을 떠올렸다. 그런데 이렇게 '한강 다리 폭격' 장면을 그 당시에 직접 찍은 분이나 라디오 방송을 통해 '전쟁의 시작'을 직접 알리셨던 분

우진

아 ㅠㅠ 하기는 저도 처음 미국에 갔을 때 무엇을 해야 하는지 자세히 몰랐고 대학 생활이나 그동안 살아왔던 패턴을 보면 학교 다니고 그날그날 해야 하는 일과 공부를 열심히 했던 거 같아요. 그런데 인턴으로 미국에서 지내면서 그리고 한국에 돌아 와서도 조금씩 그 생각들이 바뀌었던 것 같아요.

Chris

긍정적으로 생각하자면 그만큼 성장했다는 것이지 요. 제대로 된 교육은 '먹어봐야 요리를 할 줄 아는 것'과 '맞아봐야 아픈 것을 아는 것'처럼 주로 강의 만 듣고 리포트만 쓰는 국내교육과 과제를 받아 스 스로 체험하고 의견을 제안하는 이곳 교육 방식은 많이 다르다고 봅니다. 그래서 첫날부터 인턴들이 모두 본인들한테 뭘 시킬까 하면서 방황했을 때 무 조건 하고 싶은 거 하라고 했는데 처음에는 이 사 실조차도 서로를 더 당황하게 하고 힘들게 했습니 다. 그래서 책을 읽고 온라인 검색을 하는 과제가 아니라 더 많이 참여를 시키고 각자의 관심 분야에 서 새로운 사람들을 만나고 물어보고 듣고 의견을 제시하는 등등 (B-08) (175P) 현장 교육을 제공하는 미션을 제안했습니다.

우진

그렇게 방향과 미션을 제안했을 때 반응은 어땠나 요?

을 만나서 살아있는 역사와 인생 이야기를 듣는다는 것이 너무 신기한 경험이었다. 또 내가 오늘 서울에서 직접 뵙게 된 윈슬로 할아버지, 할머니는 가장 인상적이었다.

프랭크 윈슬로 할아버지는 예비역 미군 중령으로 미군정 당시 군사 고문단으로 1948년 내한해 1953년 휴전까지 6·25 관련 기록 영화와 사진, 항공 사진 등을 직접 촬영하셨고, 그 사진 대부분이 전쟁기념관에 전시되고 있다. 그리고 그의 아내인 조슬린 할머니는 6·25 전쟁 전 미국 철도청에 일하시는 아버지를 따라 잠깐 한국을 방문하시면서 프랭크 할아버지를 만나 1953년 휴전이 된 해에 한국에서 결혼하시고 미국으로 떠나신 뒤 이번에 60년 만에 한국을 다시 찾으신 것이다.

윈슬로 할아버지는 이 영화를 위해 본인이 직접 소장하고 계시던 귀중한 미공개 자료를 크리스토퍼 리 감독님께 기증하시고, 또 86세의 나이에도 불구하고 그 먼 미국 워싱턴주의 벨링햄에서 서울까지 오셔서 촬영에 참여하셨다.

비록 짧은 촬영 일정이었지만 함께 DMZ와 서울, 수원, 그리고 부산을 오가며 이분들이 그 당시 겪었던, 한국인인 나도 보지 못하고 알지 못했던 우리 역사를 직접 설명하시면서 60년이 훌쩍 넘은 시간들을 마치 어제 일처럼 기억하고 계시다는 것이 놀라웠고 신기했다. 그동안 별다른 관심도 가지지 않고 먹고 살 길 찾기 바빴던 우리 모습을 되돌아보게 되었고, 이런 살아있는 역사와 같은 분들을 만나면서 외국에서도 학교에서 처음 인턴십을 하게 될 학생들을 뽑는 과정이 TOEIC 점수와 영어 인터뷰였어요. 하지만 내가 필요한 사람은 영어로 대화하는 능력보다는 관심과 열정이 있는 사람이었습니다. 당연히 처음에는 다들 쑥스럽고 말을 실수하지 않을까 하는 두려움도 있었지만 내가 무엇을 하고, 무엇을 얻고자 하는 목표를 설명하니까 모두 실천하면서 오히려 남들이 더 관심을 갖고 도와주는 것에 다들 자신감을 얻었습니다.

Chris

우진

저도 TOEIC 점수가 낮은 편은 아니어서 당당하기는 했었지만 이걸 어디에 써먹을지는 잘 몰랐어요. 취업할 때 필요한 것인지, 졸업을 위해 필요한 건지…… 말할 기회도 없는데 시험 점수가 어떤 의미가 있는지 의심스러웠습니다.
한국에서 온 학생 인턴 중 가장 기억나는 사람이 있으신가요?

일명 명문대라고 하고 여러 선발과정을 거쳐 인턴십을 왔지만 개개인의 성격이나 성품은 다양했어요. 한국에 계신 엄마한테 자살할 거라고 학교를 뒤집어 놓은 학생도 있었고, 전날 술 먹고 길에서 뻗었다가 다음날 출근한 학생도 있었고, 엄마가 쓸데없는 인턴십 하지 말고 당장 와서 취업 준비하라고 해서 매일 엉엉 운 학생도 있었고…….
지난 10년간 볼 거 못 볼 거 다 보고 경험했어요.
물론 좋은 추억과 보람된 일도 많았었지요.

Chris

☺ #

많은 관심을 가지고 우리나라의 역사가 우리의 것만이 아님을 실감하게 되었고 부끄러웠다. 이렇게 60년이 지나고 몸도 마음도 나이가 들으셨는데 먼 걸음을 하시고 우리 역사를 담는 프로젝트에 참여하고 애쓰시는 모습이 너무 감동적이었고 감사했다.

가장 기억이 난다고 하기보다는 너무나 다양한 관심과 성격이 있다 보니 서로 맞추기가 힘들었던 게 큰 어려움이었어요. 또 인턴십 과정에서 배우는 자세보단 그냥 인턴십 기간에 인턴십 수료증을 얻어가는 게 우선이라 시간만 보내고, 퇴근해서 주말에 어디 놀러 갈까 하는 연구가 전부인 학생들도 많았어요.

Chris

우진

저도 마찬가지지만 비행기 표 외 먹여주고 재워주고 때로는 입혀주시기까지 하는데 그러면 그렇게 다양한 한 사람 한 사람을 다 어떻게 관리하신 거에요?

그러게요. 내가 재벌도 아닌데……. 정 때문이었을까? ㅋㅋ

어차피 몇 개월이면 떠나지만 있는 동안에는 많은 것을 보여주고 제공하고 싶었어요. 그래서 방법은 우리가 진행하는 프로젝트에 참여는 물론 본인들만의 과제를 실천하게 도왔어요. 여행을 가든 무엇을 수집하든 미술관을 가든 콘서트를 가든지 목표를 두고 하나하나 실천하고 기록하도록 했어요. 그러니깐 하루하루 지내는 것도 보람이 있고 또 본인들의 미션을 진행하는 과정을 나누면서 소통과 함께 또 다른 관심사로 이어지게 됐지요. 그리고 온라인 페이스북, 블로그에 일기 쓰듯이 다시 기록하면서 정리하니까 성취감도 느끼고 또 앞으로 다른 학생들은 이 내용이 견본이 되어 다음 인턴십에도 참고가 되었습니다.

Chris

　오늘은 전쟁기념관에 다녀왔다. 6·25 전시관에 도착하자 프랭크 할아버지가 직접 찍으신 사진들이 곳곳에 전시되어 있었다. 놀랍고 부끄러운 사실은 사진작가의 이름은 적혀있지 않고 사진들의 설명이 거의 틀렸다는 것이었다. 프랭크 할아버지가 직접 말씀하셨다.

　우리는 우리 역사를 기록하고 보존하고 후손들에게 가르친다고 하지만 정확성도 없는 그냥 형식적으로 벽에 사진만 장식해놓고 '놀러 온' 학생들에게 주입식으로 보여주는 게 아닌가 의심되는 하루다.

　그리고 오늘 프랭크 할아버지께서는 나에게 분단 전 직접 제작하신 지도를 보여주셨는데, 실제로 38선이 그려지지 않은 지도를 처음 직접 만져본 나는 너무 신기했다. 말로만 듣고 책으로만 보던 이런 역사를 오늘날까지 기억하시고 사셨다니 마치 역사책 사진 속에서 마법처럼 나오신 느낌이었다. 그리고 더 가슴 아픈것은, 한국이 이렇게 발전되고 행복한 현실을 이루어내었지만 아직도 분단이 되어 다시 과거로 돌아갈수 없다는 현실에 마음이 아프다는 할아버지의 말씀이었다.

　나는 사실 평소에 다큐멘터리에 대해 관심도 없었고 드라마나 영화를 훨씬 더 자주 보고 좋아하지만, 지금이 아니면 할 수 없는 일 중 하나라고 생각해서 나에게 이런 기회가 오지 않았나 싶다.

우진 저도 인턴십 기간에 대표님께서 제안하셨던 여러 가지 아이디어와 미션이 기억이 나는데요. 공연장 경험이라든지 제가 좋아하는 코끼리 물품 모으기 그런 것들이 생각이 많이 나요. 지금도 이어지고 있고요! 하지만 그때는 미국에서 한국 돌아갈 때 짐도 많아지는데 왜 하루에 하나씩 코끼리 물품을 모으라고 하셨는지 이해가 잘되지 않았는데요. 지금 생각해보면 하루하루 조금씩 성취하면서 보람을 얻으라는 뜻에서 그렇게 말씀하셨지 않았을까, 그렇게 깨닫고 있어요. 이렇게 다양한 인턴들에 대해서 말씀해주셨지만 그래도 가장 특이하고 기억나는 학생이 있었다면요?

주로 우리 인턴십은 학교하고 직접 교류하고 진행했는데 2년 전 중앙대 피아노과 학생이 처음으로 **Chris** 미국 현지 유학원을 통해 신청해 왔어요. 그래서 저는 피아노과 학생이 우리에게 무슨 도움을 줄 수 있는지 또 내가 무슨 과제를 줘야 하는지 고민 끝에 앞으로의 목표가 무엇이냐고 물어봤어요. 그때 공대, 연극과, 기계과 그리고 피아노 등 정말로 다양한 전공의 학생들도 있었는데, 이 학생이나 다른 학생들에게도 진로에 대해 고민해봤냐 그리고 어떻게 준비하고 있냐고 물어보고 그 (B-09) (299P) 진로에 도움이 되는 과제를 주고 경험들을 제공하고 싶었어요.

모든 다큐멘터리 제작이 이런지는 잘 모르겠지만, 이 다큐멘터리를 만드는 현장은 굉장히 특이하게 느껴졌다.

그중에서 가장 신기한 점은 이 다큐멘터리 영화를 만드는 방식과 이 영화의 총감독이자 제작자인 크리스토퍼 대표님이다.

내가 대표님으로부터 듣게 된 이 영화 촬영의 계기는 개인적인 관심과 사명감에서였으며, 내가 대단하다고 느꼈던 부분도 바로 이 부분에서 시작한다. 6·25 전쟁에 참전하셨던 아버님을 떠올리며 평범한 사람들이 전쟁이라는 상황 속에서 어떻게 살아갔는지에 대해 알고 싶고 기록하고 싶은 마음에서였다는 이야기였다.

그런데 이렇게 해외에서 어릴 때부터 살고 계시는 재미교포가 우리나라와 과거, 역사에 관심을 가지고 이런 프로젝트를 한다는 것에서 정작 한국에 사는 나는 우리 역사에 관심을 얼마나 가지고 있는지 부끄러워하지만 그 친구들은 뚜렷한 진로를 생각해보지 못하고 그냥 취업 준비하면서 해외 인턴십을 통해 스펙을 쌓고 이력서 내고 아무 대기업에 들어가면 그게 본인들의 꿈보다는 부모들이 원하는 뜻이라고 하더군요. 학교에 다니면서 내 관심을 키우고 경험하는 것이 취업 준비인데 졸업 후 취업 준비를 한다는 말이 이해하기 조금 힘들었지요.
Chris

그러게요⋯⋯. 모든 사람의 답과 목표가 '대'기업인 걸까? 그런 생각이 들어요. 대표님께서 말씀하신 '문'이 큰 기업. ㅋㅋㅋ
우진
ㅋㅋㅋ

그런데 그 피아노과 학생은 뭐라고 대답했어요?

이 학생도 마찬가지로 부모님을 위해 무슨 일을 하든지 본인이 무슨 일을 좋아하는지 상관없이 대기업에 들어가고 싶어 해외 인턴십을 신청했다고 했어요. 본인에게 어떤 옵션이 있을까 하는 고민보다는 스펙을 쌓기 위해 해외인턴십 수료증이 더 필요했던 거 같아요. 그래서 내가 물어봤어요. 그렇게 열심히 학원 다니고 들어가기 힘든 음대까지 들어가서 왜 대기업에 가서 아무거나 하느냐고⋯⋯. 돌아온 답은 본인보다 더 좋은 실력이 있고 해외에서 유명 음대를 다닌 다른 학생들보다 못한 스펙에 대해서 냉정한 사회적인 시선과 현실 때문에 포기했다고 하더군요.
Chris

지기도 했다.

지난 역사 이야기지만 지금 내가 사는 이 순간도 역사에 기록될 것이기 때문에 나는 그 속에서 어떤 삶을 살게 될 것인지 그리고 어떤 삶을 살고 싶은지에 대해서 잠시나마 생각해보게 되기도 했다. 나는 마지막 한국 촬영분을 찍을 때 합류하게 되었지만 이 영화가 만들어져 어떤 평가를 받을지 너무나 기대된다!

> 2013년 06월 25일 전쟁기념관

지난 분단 60년의 역사를 담은 다큐멘터리 《Fading Away》를 드디어 볼 수 있게 되었다. 이 영화는 이전에 로스앤젤레스에 있는 University of Southern California와 CGV 극장에서 첫 상영 후 워싱턴에서 상영되었다. 미국 국방성이 한국전쟁 종전 60년을 위해 기념하는 프로그램에 포함되어 수많은 참전용사와 학생들이 관람했고 이후 하버드, 콜롬

우진

무슨 말인지 저도 짐작은 되지만 저 또한 예술경영을 배우면서 같은 고민이 있어요. 저보다 더 훌륭한 사람들이 많은데 과연 제가 이 길로 갈 수 있을까? 이런 고민이요.

Chris

그래서 그 피아노과 학생에게 한 가지 제안을 했어요. 마침 워싱턴에서 행사가 있었는데 뭔가 특별한 일에 도전해보자고 했어요. (B-10) (277P) 워싱턴 D.C 링컨메모리얼 광장에서 피아노 연주를 하자고 제안한 거지요. 당연히 그동안 마틴 루터 킹과 비욘세 등 유명인사들이 연설하고 공연한 그런 역사적이고 중요한 자리에서 누가 피아노를 친다는 걸 상상이나 했겠어요? 그래서 호텔에 작은 피아노를 배달해서 미국에서 애국가 같은 'America the Beautiful' 곡을 연습시키고 드디어 그 장소에서 그랜드 피아노를 설치해 공연했지요. 당연히 이런 특이한 사항에 모두 놀랐고 또 이 학생도 처음에는 당황했지만 많은 관심과 시선을 즐겼습니다. 이런 기회에 감동은 물론이고 평범한 피아노과 대학생 본인이 이런 곳에서 공연한다는 게 꿈만 같았고 또 많은 생각을 했다고 했습니다.

우진

저도 그 장소에 함께 있었는데 당연히 저도 한편은 부러웠지만, 또 이런 평범한 우리 학생에게 이 엄청난 기회가 주어진다는 것이 가능할까에 대한 의심이 많았습니다. 그런데 결국 해냈어요!!

비아, 뉴욕대 등등 미국 대학 상영 투어를 비롯해 한국 내 대학에서도 상영이 이루어졌다.

그리고 드디어 오늘,

사십 계단 층층대에 앉아 우는 나그네
울지 말고 속 시원히 말 좀 하세요
피난살이 처량서러 동정하는 판잣집에
경상도 아가씨가 애처로워 묻는구나
그래도 대답 없이 슬피 우는 이북고향 언제 가려나

용산에 있는 전쟁기념관 상영실에 주인공이신 박유진 할아버지의 능숙한 기타 소리와 노랫소리가 울려 퍼졌다. 대통령도 그 아무 일정과 관심이 없었던 6·25, 그 뜨거운 여름 낮에, 재미교포인 크리스토퍼 리 감독님이 직접 방문하여 상영하신 것이다.

무슨 의미였을까?

왜 우리는 관심도 없었는데 굳이 이 영화를 이날 봐야만 했을까? 처음에는 그런 생각이 들었지만 영화 상영과 참여로 인하여 나 또한 자신을 돌아보는 시간들이 되었고 우리 할아버지 할머니가 그랬듯이 우리 부모님들도 전쟁이 아닌 또 다른 전쟁 속에서 우리를 위해 희생하시고 이런 기회를 마다치 않고 그래도 며칠간 밤새 노력하고 연습을 하는 과정을 볼 때 한편 걱정도 되고 대견스럽기도 했습니다. 그리고 드디어 연주하는 날이 왔었지요. 화창한 파란 하늘 아래 수천 명이 모인 광장에서 자그마하고 평범한 우리 피아노과 학생이 화려한 파랑 드레스를 입고 모든 열정을 쏟아냈습니다. 많은 외국인의 시선에도 당당하게 연주를 하고 눌러대는 카메라 시선을 맞추어 포즈도 하고 연예인이 따로 없었어요. ㅎㅎ

 저도 그 자리에 함께 있었지만 대단했어요. 그리고 욕심 많은 저도 뭔가 하고 싶은 질투와 두려움도 스쳐 지나가고 '나는 무엇을 할수 있을까?' 하는 많은 생각을 했어요. 언젠간 저도 그 위치에 있을 것이라고 그런 생각도 했고요.

그리고 우진이도 1년 후 우리가 그 장소에 다시 가게 됐을 때 무엇인가 도전했잖아요. 화판에 글을 써서 ('우리는 놀러온 게 아닙니다. 당신이 지켜준 소중한 오늘 우리 청년들은 기억하려고 합니다.') 70주년 광복절 기념행사에 참여하고 또 그 장소에서 당당하게 수많은 사람 앞에서 연출했잖아요. [B-11] [281P] 꿈이었든 목표였든 언젠간 나도 할 것이란 자신감이 그 또 다른 기회를 만들어줬다고 생각합니다. 말이 씨가 된 것이 아니라 그 기회를 위해 노력을 한 것이라고요.

있다는 점에 반성하고 감사드리고 싶은 그런 뜻깊은 시간이었다. "드라마보다 더 드라마틱"하다는 조선일보 (2013년 6월 25일) 기사와 함께 수많은 언론도 좋은 평가를 주었다.

특히 박유진 할아버지께서 마지막 장면에 눈을 감으시고 "부르고 불러도 또 부르고 싶은 엄마, 엄마!"하고 눈물을 흘리실 때, 얼마나 보고 싶으셨을까?라고 말씀하셨을 때가 잊히지 않는다. 연출이 아닌, 가슴에서 흘러나오는 눈물은 내 마음속에서도 한참 동안 흐르고 있었다. 이제는 보고 싶어도 볼 수 없는 할아버지의 엄마, 우리 엄마는 살아 계시는데도 왠지 무척 공감되었다. 모든 것은 영원할 수 없다. 영원히 내 곁에 계실 것만 같은 우리 엄마 아빠, 오래오래 내 곁에 있어 주셨으면 좋겠다.

이렇게 정말 지금이 아니면 들을 수 없는 이야기, 볼 수 없는 장면들을 기록해가는 이 영화 그리고 이 프로젝트에 공감하며 조금이나마 참여할 수 있었다는 사실이 뿌듯해지는 순간들이었다. 또 감독님은 물론

우진

네 그때 친구들이랑 같이 그렇게 할 수 있었던 것은 정말 잊지 못할 특별한 경험이에요. 이후 그 피아노과 학생은 이제 서로 함께 응원하고 잘 지내는 친구가 되었습니다.

Chris

친구도 친구지만 이 과정이 내가 얻어내는 결과에요. 나에게는 중요한 네트워크이지요. 그 학생은 워싱턴 공연 후 다시 학교에 가서 당당하게 교내 잡지와 인터뷰하고 친구들에게 '피아니스트'라는 별명까지 얻고 '과연 내가 이 길로 갈 수 있을까?'라는 더 큰 고민이 생겼다고 하더라고요. 이후 우리와 더 많은 프로젝트에 참여도 하고 대한민국 국회와 미국 국회를 오가며 공연장이든 시민회관이든 어떤 행사든 어디서 부르면 당당하게 연주하고 자신감을 키웠어요. 명문음대를 거치든 아니든 같은 입장에서 내가 더 성숙해질 수 있는 과정을 택하고 실천한 것이지요.

우진

이제 그 피아노과 학생도 1인 기업인으로서 도전하는 모습이 보기 좋고 저 또한 용기를 얻기도 했어요. 지금 그 학생은 비록 그 유명한 줄리아드나 커티스 같은 음대는 아니지만 올해부터 이곳 텍사스 음대 대학원 진학으로 시작해서 다시 본인 목표를 위해 하나하나 점검하고 또 다른 도전을 시작했어요. 저도 보면서 대견하지만 저도 옆에서 많이 배우고 저 자신을 생각하게 만들어 주는 기회가 되기도 했어요. 본인 스스로 더 열심히 도전하는 시작이 되기를 바라면서 멀리서 지켜보고 응원해주고 싶어요.

이러한 역사를 잘 모르는 우리 후손들을 위해 제작하고 함께 배우면서 만들어가는 영화인만큼 학생들 참여가 중요했다. 부산대 인턴 학생들과 함께 미국 현지 교포들 수백 명을 직접 인터뷰하고 만나고 글을 쓰기 시작하셨다. 그리고 그 시절을 사셨던 평범한 우리 할머니 할아버지들의 이야기, 세대에 할 수 없었던 그리고 차이로 인해 이해하지 못했던, 말할 수 없었던, 들을 수 없었던 사연들을 이 영화에 담고자, 영화 제작과정 전반에 대학생 인턴들을 참여하도록 하신 점도 굉장히 인상적이다.

그리고 더욱 중요한 건, 내가 이제껏 생각했던 다큐멘터리 영화에 대한 생각이 바뀌었다는 것이다. 다큐멘터리는 단순히 기록하는 영화가 아니라 우리가 매일 마주하는 현실 속에서 우리 마음을 움직이고, 우리 마음속에 오래 간직하도록 하는 영화라는 것을 알게 된 소중한 시간들이었다.

우진 여기서 잠깐! 이 친구와 저같이 대표님께서 진행하시는 이런 인턴십에 참여하려면 어떻게 해야 하나요?

Chris 여러 가지 기준이 있겠지만 일단 기본적인 프로젝트를 개발하고 해당하는 학교에 공모를 보내요. 그러면 교수들은 관심 있는 학생들에게 알려 지원하도록 합니다. 기본적인 절차는 관심 분야, 인턴십에서 얻고자 하는 목적과 결과 그리고 평생 하고 싶어 하는 일들을 고려해서 선발합니다.
학교를 거치지 않고 개인적으로 참여하고 싶다면, 고등학생이든 직장인이든 직접 이메일을 보내도 됩니다.
internship@fadingawaymovie.com

＋　　　　　　　　　　　　　　　　☺ ＃

#14 박수칠 때 떠나라, 친구들과의 첫 공연을 올리다 ▼

2013년 01월 29일

(A-10) 이번 달 초, 그러니까 정확히는 1월 2일에 연습을 본격적으로 시작했던 연극 공연《박수칠 때 떠나라》를 어제와 오늘 공연했다. 영화로도 제작되었던, 같은 이름의 장진 감독 원작의 희곡을 각색해서 만든 것이다.

호텔에서 살해된 유명 카피라이터 '정유정'의 죽음을 두고 현장에서 바로 검거된 용의자, 그리고 심문과정을 생중계하는 TV 카메라, 누가 정유정을 죽였는지 끝까지 밝히고 싶은 검사……. 그들을 둘러싸고 벌어지는 미스터리 수사극이다. 캐릭터가 분명하고 반전도 있어서 처음부터 끝까지 손에 땀을 쥐게 하는 내용이다.

사실 우리 공연은 '야합'이라는 이름으로 올라갔지만, 정식 '야합'은 아니다. 한예종 연극원에서는 학기 중에 수업의 일환으로 만들어 올리는 정식 공연도 있지만, 이런 정식 공연 이외에 주로 방학에 올리는 공연에 대해서 공연장, 연습실 그리고 제작비 일부를 지원해주는 인큐베이팅 제도가 몇 개 있다.

'야합'도 그중 하나인데 이 몇 개의 제도 중에서도 가장 초기 단계에 있는 공연에 지원해주는 제도의 이름이다. 매 방학 전에 야합 등의 프로젝트에 지원하고 공연기획실에 의해 선정이 되면 지원을 받아 공연을

(해외 인턴십 신청서)

1. 이름?

2. 나의 장점/단점? (앞에 적었으니 간단히 적기)

3. 나의 관심분야? (앞에 적었으니 간단히 적기)

올리게 되는 식이다. 그래서 예종 연극원에서는 끊임없이 공연이 만들어지고 또 볼 수 있게 된다. 이런 인큐베이팅 제도뿐만 아니라 영상원에서는 학교 영상 장비와 워크숍 수업들, 창작 지원 프로그램들을 이용하고 또 그 안에서 교수님 이하 동료가 될 사람들을 만나고 또 교류하게 된다. 다른 전공들도 다른 원에서도 마찬가지다.

(B-05) 우리 공연팀도 이 야합 프로젝트에 지원했지만 선정이 되지 않았고, 공연을 하기로 한 이유 중 하나가 무너지게 되니까 공연을 그대로 할지 이쯤에서 그만둘지 정하는 때가 있었다. 하지만 우리는 계속하기로 했고 그래서 연습실을 매번 구해야 했고 공연 날짜 일주일 정도 전에야 공연 장소를 확정 짓고 홍보할 수 있게 되었다. 그렇지만 한 달여 시간 동안 거의 매일 만나며 빈 연습실을 구해 연습하고 이야기 나누고 했던 그 시간들이 모여 이렇게 결실을 볼 수 있게 되었다는 것이 너무 뿌듯했다.

결과적으로 보면 공연장이 아닌, 관객이 최대 30명 정도밖에 들어갈 수 없는 201호 연습실에서 배우들이 가벽 몇 개와 간단한 조명과 소품으로만 꾸려가는 공연이었지만 너무너무 재미있고 기쁜 날이었다.

4. 내가 바라는 인턴십과 참여하고 싶은 프로젝트?

5. 미국에서 프로젝트를 참여하면서 꼭 이루고 싶은것들?

6. 인턴십 중에 개인적으로 추진하고 싶은 미션?

(예: 영화 100개 보기, 50개국 음식 체험 등등)

인턴쉽 신청하고 싶으면 사진을 찍어 internship@fadingawaymovie.com 으로 보내세요.

왜냐면? 처음부터 끝까지 우여곡절은 있었지만 실패에 좌절하지 않고 정말 우리끼리 처음부터 끝까지 힘을 모아 만들어서 올린 공연이기 때문이다. 처음에는 얼마나 사람이 올까 걱정, 우리가 제대로 공연을 할 수 있을까 걱정, 온갖 걱정을 했다. 하지만 꽉 들어찬 관객들과 함께 무대를 즐기고 각자의 포지션에서 눈을 마주치며 공연을 끌어나가는 친구들을 보면서, 떨리면서 대견하고 자랑스러운 느낌을 한꺼번에 받았다.

팀원 중 한 명이 '너는 기획이라서 그렇지, 하우스는 호황이었잖아'라는 말도 했지만, 나는 이 이야기를 하고 싶었어. 나는 물론 연기도 잘 모르고 연출도 극작도 디자인도 잘 모르지만, 이거 하나는 확실히 알 수 있었어. 이 정도면 우리 다 웃을 수 있고 결국에는 같이해냈잖아. 우리 모두 열심히 했어. 그리고 재미있었어! 그러면 된 거 아니야? 라고.

(A-11) 맨 처음에 어떤 공연을 할지 아이디어 개발을 하고 작품을 선정하는 것, 그리고 배우 캐스팅 단계부터 연습했던 수많은 날, 그리고 드디어 관객들 앞에서 공연하고 뒤풀이하고 또 정산하는 과정까지 처음부터 끝을 이었고, 비록 작지만 우리가 하고 싶은 연극을 해냈다는 것에 기쁘고 정말 뿌듯했다.

이번 공연을 만드는 과정에서 물론 어려움도 있었고, 연습에 가고 싶지 않은 날도 있었고, 놀고 싶은 날도, 하기 싫은 날도 있었지만 점점 관객들과 함께하는 공연 당일의 그 모습을 상상하게 되면서 힘든 준비 과정이 재미있고 또 공연 날이 너무나 기다려졌던 날들을 지나왔다.

그리고 우리가 이 공연을 하는 목표였던 '우리가 하고 싶은 공연, 보우진 좋은 정보가 되었을 거예요. 저와 같이 여러 사람에게 이런 색다른 기회가 제공된다면 앞으로 더 많은 도전을 하는 데 첫걸음이 될 거라 생각됩니다. 그러면 1인 창조 기업을 위한 준비란 도전이라고 말할 수 있는 걸까요?

Chris 간단하게 설명하자면 그렇지요. 하지만 도전하기 전 많은 준비가 필요해요. 물론 실력과 지식 그리고 나의 목적과 결과 이 모든 것을 상상하고 검토하고 도전하지만 내 결과에 대한 자신감이 없으면 불가능합니다. 전쟁으로 비교해서 조금 그렇지만 전쟁은 승자와 패자가 있잖아요. 패자는 다시 일어나기가 힘들기에 승리를 위한 연습과 준비가 필요합니다. 전쟁에서 승리하려면 단순히 무기만 필요하지 않아요. 상대방의 장점과 단점도 연구하고, 내 창조 기업에서 나만의 '무기'를 만들어 상대방의 장점을 피하고 단점을 이길 수 있는 자신감이 필요하고 결과에 대한 당당함도 필요합니다. 미팅을 가도 상대방의 목적과 내 목적을 파악하고 결과를 얻으려는 모든 분석과 준비가 내 '무기'이고 또 승리를 얻어줍니다. 하지만 도전이 없으면 미래도 없어요.

그럼 창조 기업에서 가장 힘든 부분이나 어려운 과정은 무엇이라 생각하세요?

우진

여주고 싶은 공연과 역할을 해보는 것'을 성공적으로 처음부터 끝까지 달성했다는 것에 있어서 정말 기쁜 날이다. 그리고 여기 참여했던 모든 친구가 이 공연 경험을 바탕으로 어떤 배우가, 어떤 연출가가, 어떤 디자이너가 되어있을지도 너무나 기대되기도 했다.

우진이는 연극을 준비하고 친구와 가족 그리고 관객들이 들어오고 무대가 올라가면 어디서 관람을 하나요?

Chris

우진

저는 주로 제 역할이 관객들하고 공연 진행 상황을 관리하는 거여서 대부분 공연을 잘 보지는 못해요. 하지만 많은 공연 횟수 중에 한두 번은 꼭 보고 피드백을 하기 위해서 관객석에 앉고는 해요. 제가 참여한 공연인데 잘 될까, 정말 궁금하기도 하고요. 관객이 많을 때는 무대 맨 끝 구석에 자리를 만들어서 보는 경우가 많아요. 그래도 앉아서 공연을 보면 이 부분 잘 될까 어떻게 사람들이 반응할까 너무 떨리는 마음으로 보고는 합니다.

내가 같은 질문을 여러 학생에게 물어봤어요. 대부분은 질문을 이해 못 해 답을 못했지만 어느 한 학생은 당당하게 내가 열심히 만들었기 때문에 정 가운데 앉아서 발을 쭉 뻗고 즐길 것이라고 말하더군요. 남의 시선과 결과는 중요하지 않고 그저 내가 열심히 했기 때문에 즐길 것이라고……. 물론 이 말도 틀리지는 않지만 나는 항상 뒤에서 관객들의 시선과 행동을 보게 돼요. 집중하는지, 어느 부분에 공감하고 어느 부분에 지루해하는지 영상이 끊어지지는 않을까 조명은 잘 들어와야 하는데…… 등등 여러 두려움이 스쳐 가요. 앞에서 보이는 장면보다 더 어려운 것은 (B-12) (271P) 관객의 반응과 시선을 관찰하는 것입니다.

Chris

➕   ☺ #

#15 『검찰관』 공연과 A+

2014년 05월 24일

(A-02) 야외 테라스에 앉아 친구들과 함께 밤 맥주를 마시기 좋은 초여름 날씨, 학교 근처 맥줏집에서 떠들썩하게 공연 뒤풀이를 마치고 집으로 혼자 돌아가는 길이었다. 어느새 초록빛이 짙어진 나무들. 그 사이를 비추는 가로등 불빛이 언제 이렇게 예뻤을까? 그동안 무심코 지나쳤던 사소한 것들조차 새롭게 느껴졌다. 언제 이렇게 시간이 빨리 갔지?

3시간이 넘는 공연, 매일 매일 그 좁아터진 지하 극장에서 30명의 배우와 스태프들 그리고 무대가 잘 보이지도 않는 2층까지 몸을 구겨 넣은 150명의 관객과 함께하는 일주일을 보냈다. 매일 힘들었지만, 이제껏 학교에서 참여했던 어느 공연들보다도 자랑스럽게 추천할 수 있는, 완성도가 높은 독특한 공연이었다. 어느새 끝나지 않을 것만 같았던 이 생활도 진짜 끝이구나, 내일은 연습이 없구나, 하며 시원섭섭함과 함께 집으로 돌아왔다.

세 달 전 아직 학기도 시작되지 않았던 2월의 추운 어느 날, 나는 새로 기획을 맡은 연극 오디션에 참석하러 학교를 향해 바쁜 걸음으로 가고 있었다.

두 다리 쭉 뻗고 내가 편하게 관람하는 것은 너무 이기적이고 또 관객에 대한 배려가 아니지요. 앞서 말한 이런 (B-13) (259P) 두려움이 없다면 아쉬움도 없다고 보고 또 절대 성숙해지지 않을 겁니다. Chris

 우진

저도 공연 시작 직전까지 밖에서 관객들 관리하면서 발에 물집이 생길 만큼 이리저리 뛰어다녀서 땀이 삐질삐질 숨은 헉헉거리고 다리도 아프고 힘들고 소리를 꽥꽥 지를 때도 있고 그랬지만 당연히 저도 공연이 시작되면 좋은 자리 앉아서 편하게 보고 싶죠. ㅠㅠ

하지만 항상 저는 공연 중에 조명은 제대로 켜질까 사운드는 제대로 나올까……. 이런 두려움이 있어서 무대 뒤에 서서 조마조마하고 초조하게 지켜보고 있어요. 그리고 당연히 염려한 것처럼 조명이 안 들어오고 사운드도 안 들어오고 정말 지옥 같아서 도망가고 싶고 숨을 멈추게 한 순간이 많이 있었죠. 나중에 돌아보며 생각할 때에는 다르게 준비했으면 어땠을까 하고 다음에도 그런 일이 벌어지지 않을까 하는 두려움이 항상 있습니다.

화려한 조명과 무대, 연출, 스토리텔링 등도 중요하지만 지켜보는 관객들의 역할도 무대와 같이 중요합니다. 관객들과 연출가들이 소통하는 공간이기 때문이지요. 그래서 패배와 실패를 두려워하면 안 된다고 봅니다. 패배에 대한 두려움, 실패에 대한 두려움……. Chris

그 연극의 제목은 바로 《검찰관》, 러시아에서 아주 유명한 작가의 희곡이라는데 사실 그때 처음 들어본 제목이었다.

니콜라이 고골, 전혀, 다시 생각해봐도 전혀 들어본 적이 없었다.

그런데 왜? 나는 왜 이 연극 기획을 맡게 되었을까?

_사실_, 나는 이 공연이 아니라 다른 공연에 기획으로 지원했었는데 운명의 장난인지 모르게 이 공연에 참여하게 되었다.

《검찰관》은 사실 이번 학기에 예정된 수많은 학교공연 중 하나였고, 보통 공연의 두 배인 3달 연습에 화, 수, 목, 금, 토, 토 6회 공연인 데다가 배우만 해도 20명이 넘는 대규모 프로젝트여서 그런지 아무도 기획을 하겠다고 자원하는 사람이 없었다.

이렇게 이미 예정되어있는 공연에 제목, 제작진, 공연 기간과 내용만 보고 팀에 합류하는 이상한 시작…… 한 학기의 정신적 육체적 스트레스를 건 도박이나 다름없는데 대체 누가 선뜻 나설 수 있었을까? 나도 처음에는 무척 두려웠다.

이 두려움은 프로젝트가 작든 크든 항상 가지고 있어요. 실패하면 다시 기회가 올까? 어떤 반응들이 올까? 질문이 있다면 어떻게 답을 할까? 등등……. 그런데 이 모든 것들은 완벽히 준비될 수 없는 부분이에요. 그래서 작품을 하든 프로젝트를 하든 모든 사람들을 만족하게 하려고 하기보다는 (B-14) (265P) Target Audience를 정하고 그들의 관심과 시선을 맞추고 노력하면 좋은 결과가 있을 겁니다. 완벽한 공연을 하지는 못했지만, 최선을 다했고 또 그 결과에 대한 아쉬움이 다음 작품에 큰 도움을 줄 것이라 믿고 또 도전하는 것이지요.

 네……. 하지만 이런 두려움은 밤에 혼자 길을 걷거나 놀이동산에서 롤러코스터를 탔을 때도 항상 제 머릿속에 있는데 그러면 어떻게 하면 극복할 수 있을까요?

어떤 상황이든 두려움은 당연히 있어요. 하지만 "Nothing to Fear, But Fear Itself"란 말이 있듯이 언제나 당당함이 없으면 패하는 게 현실이에요. 모든 사람을 만족하게 할 것이라는 다짐도 좋지만 최선을 다하고 많은 사람의 의견을 참고하고 다음 프로젝트에 실천한다면 더 많은 발전이 있을 겁니다. 하지만 결국 냉정한 사회에서는 실패를 허락하지 않기 때문에 작은 걸음부터 찬찬히 높이 멀리 가야 합니다.

이렇게 얼떨결에 맡게 된 이 프로젝트, 그래도 나는 정말 이상하게도 제일 잘 해내고 싶다는 생각이 들었다.

내가 진짜 미쳤구나…….

이전에 참여했던 공연들과는 다른 무언가를 시도해보고도 싶었고, 시켜서 하는 공연일지라도 언젠가는 도움이 되고 나를 단련시킬 기회라고 생각했다. 그리고 이제까지 부족했던 모습들을 보완해서 교수님께, 친구들에게, 동료들에게 인정받고 싶었다.
내가 항상 내가 하고싶은 일만 할수는 없잖아? 생각을 바꾸니 조금은 마음이 가벼워졌다.

그 다음날 시작된 첫 연습,
시작 시간인 오후 6시 반이 되니 30명쯤 되는 사람들이 모였다. 오디션 때 처음 봤던 수많은 배우와 스태프들이 연극원 201호 연습실을 가득 메우고 있었고, 동기들도 있기는 했지만 대부분 잘 모르는 사람들이어서 어색했다.
처음 만났는데 어김없이 시작되는 자기소개 시간,
나는 자기소개 기피증이 있는데…….
그래도 세 달 동안 만날 동료들이니까 잘 보이고 싶은 마음으로 덜덜 떨며 내 소개를 했다.

우진

저도 항상 작품을 하면서 결과에 대한 두려움과 아쉬움을 많이 느꼈어요. 그런데 프로젝트마다 그 두려움과 아쉬움의 정도는 많이 다르더라고요. 어떻게 하면 이 두 가지를 줄일 수 있을까요?

Chris

(B-15) (265P) 프로젝트 과정에서 개발 단계 때마다 모든 사람들의 의견을 검토하고 참고해야 합니다. 다 만들고 어떠냐고 물어보면 어떤 대답이 돌아오겠어요. 그래서 만들어가는 과정에서 의논하고 검토하고 또 아쉬움이 있다고 해도 작품에 대한 평가에 너무 연연하지 말고 참고할 수 있는 자세도 필요합니다.

우진

공연이 끝나고 제가 초대한 친구들과 지인들에게 공연이 어땠냐, 잘 봤냐, 종종 물어보긴 해요. 당연히 제가 열심히 했기 때문에 잘했다, 좋았다, 앞에서 칭찬들은 많이 하죠.

Chris

그러게요. 작가가 글을 쓰고 그 글을 표현하기 위해서 배우들이 웃음을 주고 울음을 주고 생각하는 여운을 남기려고 노력했는데 그것을 지켜보는 관객들은 웃음을 참고 울음을 참고 앞에서 표현을 왜 못할까요? (B-16) (073P) 관객과 무대가 소통하는 공간인데…….

"안녕하세요? 연극원 예술경영과 12학번인 유우진이라고 합니다. 이번에 기획 역할을 맡게 되었는데 함께 열심히 만들어봅시다! 어쩌고저쩌고……, 잘 부탁드리겠습니다." 머리가 새하얘져서 뭐라고 했는지 하나도 기억이 나지 않는다.

짝짝짝……. 박수가 이어졌고, 빙 둘러앉았던 제작진과 배우들이 한마디씩 하니까 소개만 하는데도 1시간쯤 걸렸다.

긴 소개가 끝나고 나서 대본을 처음부터 읽기 시작했고, 많은 주요 인물들이 한꺼번에 나오는 첫 장면을 읽어나가기 시작했다. 그리고 시작된 세 달간의 매일 저녁 이어지는 연습.

"아니 검찰관이 온다고?"
"이게 무슨 소립니까! 검찰관이 온다니요."

우진

웃긴 장면이 나와도 남의 시선을 의식하고 눈물을 흘리면 내가 바보 같고 그래서 꾹꾹 참는 것 같아요. 하지만 우리 연출자들도 관객을 지켜보는 역할도 하거든요. 웃어야 할 부분에 관객이 웃지 않는다면 당연히 힘이 안 나죠……. 하지만 공연이 끝난 후 수많은 칭찬이 돌아왔을 때는 과연 어떤 게 진심인가 헷갈리고 자신감이 많이 떨어질 때도 있었습니다.

Chris

Freedom of Speech, Freedom of Expression…. 정치적인 이야기를 하려고 하는 것이 아니라 자유로운 표현을 할 수 있는 민주주의 국가에서 울어야 할 때 울고 과감하게 웃어야 할 때는 깔깔 웃고 하는 표현이 왜 그렇게 어려울까요? 미국에서는 저녁 시간에 어린이와 어른, 온 가족이 모여 하루 일과를 대화로 이어가는 반면, 우리나라는 밥 먹을 때 조용히 하라는 풍습도 있고 하다못해 요즘에는 같이 밥 먹을 시간도 없습니다. 가족의 중요성과 울타리가 점점 무너지는 것 같아요. 이런 환경과 문화 속에서 자란 대한민국 청소년들과 청년들이 관객이 되어 자유롭게 표현하지 못하는 습관으로 이어지는 것 같아요.

우진

네 저도 그 아픈 현실에 공감하고 이러한 일을 앞으로 계속하려니까 고민이 많습니다.
그리고 그 피아노과 학생도 그렇고 저도 졸업했는데 이제 구체적인 1인 창조 기업을 위한 준비과정에 대해 궁금합니다. 어떤 방법이 있을까요?

부패한 관리가 넘치는 러시아의 어느 시골 마을, 그 부패의 상징인 교육감과 시장, 우체국장 등등이 하나씩 등장한다.

쥐 같은 교육감, 개 같은 시장, 카멜레온 같은 우체국장, 돼지 같은 하인……. 다 사람처럼 생겼지만 하나같이 동물처럼 행동하는 인물들이 그 작은 시골 마을에서 서로를 이용하고 속이면서 살아가고 있었다. 그러던 어느 날, 중앙에서 마을을 시찰하는 검찰관을 보낸다는 소식을 듣게 된다. 다들 완전히 망한 거지!

며칠 후 낯선 사람이 마을에 찾아오고 어리바리하지만, 관리의 옷을 입고 있는 그 사람을 검찰관이라고 모두 믿게 되었다. 그 '검찰관'에게 서로 잘 보이려고 별짓을 다 꾸미고 시장의 딸은 그에게 속아 결혼하려고 성대한 결혼식을 준비하는데……. 결국에는 결혼식 전날 검찰관으로 믿었던 별 볼 일 없는 하급관리는 떠나고 진짜 검찰관이 온다는 소식으로 모든 사람이 비명을 지르며 다시 충격에 빠지는 결말을 맞는 이야기이다.

이렇게 극적인 에피소드로 인간의 내면을 알 수 있는 사회풍자적인 극인데, 이 공연을 준비하면서 배우의 연기와 연출에 대해서 매우 많은 생각을 할 수 있게 되었고, 특수 분장과 의상으로 인해 어떤 모습으로 그 바탕이 색칠될 수 있는지도 기쁜 마음으로 배우게 되었다. 그중에서 특히 가장 흥미로웠던 것은 특징이 매우 분명한 인물들의 캐릭터를 구축하는 방법을 각자가 하나씩 생각하는 동물의 모습과 몸짓을 따와서 우리가 도화지에 선을 그릴 때 주로 곡선과 직선을 그려요. 성공은 직선으로 그리지 못해요. 하지만 내가 하고 싶어 하는 욕망과 야심 그리고 노력이 그 선을 그려줄 겁니다. 그래서 시작하기 전에 상 상해서 선을 그리고 목표 달성과 성취했을 때의 그 기쁨과 표현도 연습이 필요합니다. 준비과정에서 제일 필요한 것은 처음 시작을 정하고 끝을 정하며 상상하고 추진하는 과정이라 생각합니다.

Chris

처음 점과 마지막 점을 잇는 선……. 처음은 알겠는 데 마지막 점이란 무엇인가요?

우진

예를 하나 들게요. 다리가 긴 우진이와 다리가 짧 은 친구가 달리기 시합을 했어요. 누가 이겼을 거 같아요?

Chris

흠……당연히 긴 다리가 유리하지 않을까요? 심리 테스트 같은데 왠지 다른 결과였을 것 같기도 하고 요.

우진

Chris

ㅋㅋ 당연히 심리테스트니까 짧은 다리가 이겼겠 지요. 하지만 어떻게 이겼을까요?

표현하는 것이었다. 연출인 교수님과 함께 캐릭터에 대한 의견을 나누면서 하나씩 만들고 버리고 또 만들고 하는 과정을 통해서 점점 완성되는 모습을 보았다.

그리고 그런 특징을 가진 공연을 준비하면서 조금씩 발전하는 연기와 동시에, 디자이너들과 협업해 무대를 만들고 의상을 만들고, 포스터와 프로그램북을 만들고, 사람들에게 홍보하고…… . 처음부터 끝까지 하나씩 적용해보고 생각하고 의논하며 만들어나가는 이 과정들을 거치면서 우리는 잘할 것이라는, 멋진 공연을 훌륭히 해낼 것이라는 자신감을 점점 느끼게 되었다. 공연하기 전에도 나는 왠지 공연 날 엄청 떨리고 두렵지만 서로에게 미소 지으며 응원할 수 있는 모습을, 공연이 끝나고 만족해서 돌아가는 관객들의 모습들을 그릴 수 있었기 때문이다.

〔A-18〕 이전에도 그랬지만 이번 공연에서는 학교에서 극장과 조명 등의 시설, 무대에 필요한 예산을 지원받고 함께 할 수 있는 선생님들과 선배, 친구들을 더욱 많이 만나고 의견을 나눌 수 있게 되었다. 단역 포함 스무 명이 넘는 배우들, 연출을 맡으신 연기과 교수님, 무대와 의상 제작을 맡은 무대미술과 선배, 활발하게 활동하시는 프로페셔널 특수 분장 선생님, 프로 안무가, 움직임 코치님, 음악감독님 등을 만나고 시설을 이용할 수 있다는 것에 감사했다. 그리고 함께한 동료들이 대부분 나와 같은 학생들이었고 학교 안에서 만들어진 공연이었지만 현장에서 일하는 프로들과 함께 발전시키고, 서로에게 배우며 각자의 꿈과 미래가

우진

거북이와 토끼의 경주에서는 토끼가 잠을 자서 졌지만 이번에도 긴 다리가 잠을 잤을까요? ㅋㅋㅋ

Chris

일단 모든 긴 다리가 잠을 잤을 거라는 편견을 버리세요. ㅋㅋㅋ
짧은 다리를 가진 친구는 본인 단점을 생각하고 분석을 했어요. 눈으로 선을 긋고 걸음을 재고 많은 노력과 연습을 하고 무엇보다 우승에 대한 소감도 연습했어요.
"저는 다리가 짧다는 컴플렉스가 있지만 다른 유리한 방법들이 있다는 긍정적인 생각을 많이 했습니다. 눈을 감고 달려가는 과정을 상상하고 긴 다리가 내 다리를 막는다면 저는 그 다리 사이로 기어들어 갈 것이고 긴 다리가 좁아서 못 가는 곳은 나는 쉽게 통과할 것이고 어떤 어려움도 극복해서 선을 먼저 딛고 고개를 돌려 헉헉거리며 달려오는 긴 다리를 상상했습니다. 그래서 당연히 내가 이겼지요. 노력한 대가입니다……."
금메달을 땄을 때 내가 누군가에게 어떻게 이겼는지에 대해 우연이 아니라 작전이 있었고 당당하게 실천해서 이겼다는 말을 상상한 것이지요.

우진

누구나 완벽하지 않고 나만의 장애가 있지만 그것을 극복하는 연습이 필요한 거네요?

만나는 순간들이었다. 앞으로 어떤 배우가, 어떤 디자이너가, 어떤 기획자가 될지 너무나 기대된다.

이런 팀 안에서 나는 팀원 중 한 명으로, 기획 파트의 리더로 참여할 수 있다는 것도 각자 역할을 맡아 충실히 수행해내는 모습을 보며 결과물을 끌어냈다는 점이 정말 뿌듯하고 자랑스러웠다.

더욱 뜻깊었던 것은 학교에 크리스토퍼 감독님이 친구분들하고 깜짝 방문하셔서 공연을 보고 가셨다는 점이다. 나도 몰랐는데 마침 서울에 방문하시던 중 소식을 들으시고 3시간이나 되는 이 연극을 보며 함께 자리를 해주셔서 너무 놀랐고 감사했다. 하지만 너무 떨렸다. 오늘 공연이 잘 나올까, 내가 관리하는 부분에서 실수나 사고가 나지 않을까 등등 걱정으로 무척이나 두렵기도 했다. 처음으로 학교 밖 내 멘토에게 공연을 보여드리는 순간이었기 때문이다. 두려운 마음에 먼저 의견을 물어볼 수는 없었는데, 바로 의견을 보내주셨다.

"너무 자랑스럽고 3시간짜리 연극 너무 길다고 생각했는데 너무 재미있어서 시간 가는 줄 몰랐어요. 이걸 다 한 거야? 같이 본 친구가 이 공연 또 안 하냐고 여기서 끝내기 너무 아깝지 않냐고 계속 얘기해요."

역시 빨리빨리 추진하고 그 안에서 의견을 내고 관심을 보여주시는 것을 보면서 나의 부족함을 더 느낄 수 있었다. 여기서 끝내기는 나도 정말 아쉬웠다. 여기서 어떻게 더 발전시킬 수 있을까? 학교공연이 학교에서만 끝내지 않을 수 있을까?

장애를 극복하는 것도 좋지만 내 장점도 무기이기에 제대로 사용하면 조금 더 유리하다고 봅니다.

Chris

 졸업하고 처음 하는 1인 창조 기업이라서 별다른 경험이 없는데 그럼 누가 저를 알아주고 같이 참여하고 도와줄까요?

우진

전에 말했지만 졸업하고 처음 하는 1인 창업에 대한 준비 방법은 학교 프로젝트를 준비하는 것과 다를 게 없어요. 하지만 (B-17) (321P) 학교에서는 실수를 허락하고 실수에서 배우고, 사회에서는 결과를 가지고 배우고 실패를 허락하지 않는 게 현실입니다. 그래서 처음부터 누가 나를 알아주고 같이 참여할 사람은 절대 없습니다.

Chris

 그러면 처음에 철저한 준비를 거쳐 크지는 않지만 결과를 만들어냈는데 그다음 기회를 어떻게 또 만들어내지요?

우진

내가 '깡통 철학'에 대해 말해줄게요.

Chris

 깡통 철학이요? 재미있는 표현이네요. 그게 뭐예요?

우진

기쁘고 감사하지만 또 다른 숙제가 주어진 듯한 느낌이었다.

수많은 날을 지나 드디어 무사히 여기까지 왔지만 내 머리를 맴도는 두려움은 아직도 있다. 하지만 그걸 내다 던져야 한다는 것을 배웠다.

두려움은 두려움 그 자체일 뿐······.

시작이 어땠든지 간에 일단 시작하기로 했다면 처음과 끝을 잇는 목표를 가지고 기회라고 생각하며 최선을 다하는 것이었다. 수많은 사람이 있는 팀인 만큼 기획 파트의 리더로 이끌어 간다는 것은 쉽지 않은 일이었지만 결국 사람들과 하나씩 이야기하면서 풀어나갈 수 있었다. 함께한 동료들과 선생님들께 감사드리고 많은 것을 배울 수 있는 공연이었다. 우리 공연이 그리고 우리가 날개를 펴고 열심히 날갯짓하며 관객과 함께 즐기는 모습을 보았기 때문이다.

아쉬움은 항상 있지만 너무 뿌듯한, 내 마음속 검찰관은 A+!

우진이가 생각하기에 빈 깡통이 제일 소리가 요란할 때가 언제라 생각해요?

Chris

 비어있는데 어떻게 소리가 나요?

우진

그러게요. 비었는데 어떻게 소리가 나겠어요. 무언가 그 깡통에 들어있기 전에는 아무 소리가 안 나겠지요. 하지만 작은 돌이 몇 개가 있을 때 흔들어서 제일 크게 들릴까요?

Chris

 글쎄요……. 많을수록 더 크게 들리지 않을까요?

우진

아니요. 한 개가 들어있을 때가 가장 소리가 커요. 돌이 서로 부딪히지 않고 깡통을 치면서 울리는 소리가 가장 커요.

Chris

 그러겠네요. 하지만 그게 기회와 무슨 상관이 있어요?

우진

태어날 때부터 부모님한테 우리는 물려받은 게 있든 없든 누구나 아무것도 없이 빈손으로 알몸으로 태어나요. 그 후 내가 무언가를 해서 그 결과가 작은 돌이 되어 내 깡통에 넣었을 때 소리가 나죠. 가만히 있지 말고 나의 존재를 알려야 해요.

Chris

#16 LA 사무실에서의 하루, 나는 여기 왜 있을까?

2014년 07월 08일

이제껏 해외 경험이라고는 가까운 아시아뿐이었는데, 나는 지금 미국 캘리포니아 로스앤젤레스의 사무실에 있다. 학교에 다니면서 여러 프로젝트를 참여 기회를 주시고 함께한 크리스토퍼 감독님의 초대로 의미 있는 미국 인턴십을 처음으로 체험하게 되었다.

아침 8시 30분, 사무실에 처음 출근하던 날······.

높은 야자수가 펼쳐진 넓은 길을 따라가면 있는 사무실은 숙소에서 차로는 10분 걸어서는 25분 정도 되는 거리다. 지도를 열심히 살피며 걸어갔다. 서울의 고층 건물과 빽빽한 아파트 풍경과는 달리 아기자기하고 개성 있는 건물들을 지나가며 드디어 사무실에 도착했다.

"여기가 사무실이라고?"

요즘 세상에 소셜 미디어도 있는데 마구 흔들어대서 요란스럽게 내 결과에 대한 소식과 존재를 전해야 합니다.
처음에는 나 잘났다고 거만해 보이기는 하겠지만 나중에 돌이 두 개 생기고 세 개, 열 개 그리고 깡통에 돌이 다 차게 되면 어떤 소리가 날까요?

꽉 차있으면 작게 들리겠지요?

땡! 아무 소리도 나지 않아요. 그러면 조용히 내 깡통에 옷Label을 입히는 거예요. 내 브랜드가 만들어진 것이지요. 내 브랜드가 만들어지면 어떻게 해야 하나요?

글쎄요……. 그럼 그게 성공인가요?

꽉 차있다고 해서 그것만이 성공이 아니에요. 일단 내 브랜드가 만들어진다는 것은 내 창의적인 아이디어로 열심히 결과를 만들어 나의 존재를 알렸다는 증거입니다. 그리고 그 깡통은 이제 브랜드화되어 진열되고 그 이후에는 조용히 또 다른 내 브랜드 발전에 더 도전해야 합니다.
한번 만들어낸 깡통은 경험과 신뢰성을 말해주고 또 중요한 것은 이 과정에 대한 노력을 표현하기도 합니다.

내가 이제껏 상상하고 봐왔던 사무실의 모습과는 너무 달랐다. 딱딱하고 보수적이고 평범한 건물이 아닌 옛날 2층 스페인식 건축형으로, 큰 철제 정문을 들어서자마자 예쁜 정원과 연못이 나를 환영해줬다.

마치 영화 속에서 나오는 유럽건물처럼 빨간 타일 지붕에 예쁘게 색칠돼있는 철문들, 1층에 있는 녹색 정원과 나무들이 조화롭게 어우러진 이 건물에 한눈에 반했다. 보이는 대로 놓치고 싶지 않은 마음에 한 걸음 지날 때마다 사진을 찍으면서 《타이태닉》같은 영화에서나 봤던 주름 철문 엘리베이터에 들어서자 100년이 넘었다는 역사보존 건물이라는 표시를 보게 되었다. 백 년의 역사를 가진 건물은 특이한 보물처럼 예쁘게 정리되어있었고 내 마음도 그 역사 속 주인공이 된 것 같았다.

여기는 어떤사람들이 일하고 있을까?

결국 브랜딩은 나를 생각하게 하고 나의 존재를 알리고 또 나의 신뢰를 쌓는 것이고 제일 중요한 것은 또 하나의 도전의 시작이라고 말하고 싶어요. 이 브랜드를 만들면서 거쳐 간 수많은 사람이 내 과정을 지켜보고 그 결과에 대한 인정이 나의 네트워크가 되고 자산이 되어 함께 하는 시간과 협력하는 기회도 만들어집니다.

Chris

우진

그런데 깡통은 정말 여러 종류와 크기가 있잖아요. 작은 주스 캔도 있고, 커다란 식당용 마요네즈 캔도 있고요. 참치통조림도 있고⋯⋯. 여기서 종류는 '돌'을 넣어서 정한다고 한다면 그 깡통의 크기는 어떻게 정하지요?

깡통의 크기는 내가 작은 돌(나만의 콘텐츠)을 얼마나 넣어야 하는지에 달려있어요. 돌 1개가 들어가도 꽉 차는 깡통이든 100개가 들어가는 깡통이든 돌 하나하나가 노력이고 결과물이라 생각해야 합니다. 그리고 브랜드가 만들어져가기 전에 처음 돌과 마지막 돌에 대한 노력 그리고 브랜드가 되는 나의 모습을 상상하고 '선'을 그려야 합니다.

Chris

우진

그러면 제 깡통이자 1인 창조 기업을 만들어가는 것에 대해 정확한 과정을 말씀해주신다면요?

그러는 순간,

"Hi, Good morning!"

생전 모르는 사람들이 나를 반겨주었다.

그리고 나는 "아……네, Hi! Good morning"

잠깐 착각하고 한국말로 인사할 뻔 했다. 당황했지만 굿모닝! 잘했어…….

그리고 여기저기 더 궁금해져서 다른 사무실들을 기웃거리게 되었다.

호기심이 들어서 창문 사이로 살짝씩 훔쳐 보는데 그중 제일 흥미로웠던 곳은 'Los Angeles Bass Works'라는 곳이었다. 왜냐면 창 너머로 빽빽하게 더블 베이스들이 줄 맞춰 앉아있었기 때문이다. 음, 아마도 베이스 수리와 판매를 하는 곳이 아닐까 생각해본다. 그림을 그리는 사람들, 우리와 같이 영화를 만드는 사람들, 음악인들 등등 다양한 예술인들이 예쁜 건물처럼 자기만의 개성과 관심으로 일하고 있다.

〔A-03〕그라나다 빌딩 41호, 며칠 전 같은 비행기를 타고 온 부산대 인턴 언니 그리고 중앙대에서 온 학생 3명과 함께 이 사무실에서 긴 여름을 보낼 예정이다. 어떤 일들이 펼쳐질까? 설레는 미국생활이 시작되었다.

인턴십 첫 출근날, 여기저기 대표님께서 작업한 흔적들을 둘러보며 책과 컴퓨터들이 진열된 복층 구조의 작업실을 둘러보았다. 윗층에는 간식거리와 음료수와 냉장고가 있는 부엌, 분홍색으로 색칠된 화장실,

위에 말했듯이 선을 잇는 처음과 마지막을 생각하고 결과를 만들어 만족하고 있는 내 모습을 상상해야 합니다. 그리고 지금 구체적으로 말할 수 없지만 이런 순서로 창작과 결과를 위해 준비했으면 합니다.

1. 작게 시작: 너무 욕심부리지 말고 내가 하고 싶은 것 그리고 남을 의지하지 않고 (B-18) (315P) 스스로 당장 할 수 있는 것 부터 시작.

2. 두려움 버리기: 모든 과정이 쉽지는 않지만 두려움이 내 갈 길을 더 멀게 합니다. 실패를 두려워하지 말고 도전하기.

3. 스스로 문제 해결: 누가 나를 위해 대변해주지 않고 나를 위해 과정을 대신해주지 못합니다. 모든 문제가 해결되지 않아도 내가 할 수 있는 만큼 혼자 해결해야 그 노력이 내 지식이 되고 또 그런 일이 있을 때마다 보다 쉽게 지혜롭게 넘어갈 수 있습니다.

4. 시장 조사: 상품이나 작품에 대한 타겟을 반드시 정해야 합니다. 모든 사람을 만족하게 할 수는 없습니다. 하지만 나만 만족한다고 해서 그것이 성공은 아닙니다. 100% 만족이 아니라도 누구를 위해 만들어낸다는 마스터플랜이 필요합니다.

5. 마케팅: 작은 돌이 모이면 입소문이 자연스럽게 이어집니다. 하지만 만들어놓았다고 모두가 오는 게 아니기에 내가 또 알려야만 합니다. 소셜 미디어를 통해 의견과 참여를 요구하고 결과를 나누는 전략이 필요합니다.

그리고 다운타운이 보이는 넓은 베란다 등등을 머리에 담고서 노트북 컴퓨터를 열고 한 손에는 커피를 들고 사무실에 둘러앉아 대표님에게 시선을 모두 맞추었다.

드디어 내 생애 첫 인턴십이 시작된 것이다.

우리에게 주어진 첫번째 미션, 이곳에서 도대체 무슨 일을 하게 될까 떨렸는데 뜬금없이 각자의 장점과 단점 그리고 취미와 관심사를 적으라고 하셨다.

1. 장점과 단점?

숨이 턱 막혔다.

나도 분명 장점이 있을텐데……. 그런데 대체 뭘까? 나는 단점만 많은 것 같은데…….

일단 뒤로 넘김.

6. 실패는 나의 지식: 물론 학교에서는 실수와 실패로서 배우고 사회에서는 실패란 없다고 했지만 그 실패를 내 노력과 정직함으로 생각한다면 그 또한 다른 기회를 만들어 줍니다. 우리는 (B-19) (295P) 실수를 실패로 두려워하지 말고 긍정적으로 애정을 품고 관심있게 바라본다면 실수를 통해 현실을 더 잘 이해할 수 있고 앞으로 더 유연성 있는 계획을 할 수 있다고 봅니다. 실수는 우리가 정한 길에서 조금 벗어났다는 신호이기는 하지만 실수를 통해 더 흥미롭고 개성 있는 작품을 할 수 있다는 이유이기도 입니다.

Chris

우진

이런 '깡통' 과정이 쉽고 재밌게 들리지만 또 오랜 시간과 노력이 필요한 것 같네요. 매번 대표님께서 학생 인턴들을 프로젝트에 참여시키시는 게 또 하나의 전략인가요?

항상 프로젝트마다 전략이 있지만 요즘 제작하는 다큐멘터리 영화는 교육영화이기 때문에 학생들하고 제작을 함께해요. 영화 타겟이 학생들이기에 학생들의 관심과 함께 배운다는 마음으로 함께 연구하고 또 이 과정이 현장교육을 제공한다는 말을 하고 싶습니다.

Chris

2. 취미와 관심?

그냥 책보고 음악 듣고 영화 보기. 하지만 답이 틀리면 어떡하지?

왠지 심리테스트처럼 느껴졌고, 이 테스트에서 내가 더 높은 점수를 받고싶은 생각도 있었지만 왠지 잘못 말했다가 인턴십 첫날 나 잘리는 거 아냐? 이런 두려움이 스쳐가기도 했다.

간단한 질문……. 한참 동안 생각했는데 이상하게도 머리가 멍했고 어려웠다.

매일 뻔하게 하는 거 시키는 거 열심히 한 내가 내 존재에 대해 깊이 진지하게 생각해본 적이 있었을까?

내가 정말로 즐기고 매일 하고싶은 일이 무엇인지 '구체적으로' 생각해본 적이 있었을까?

아니 하면서 행복한 날이라도 있었을까?

나 스스로와 이런 질문들을 주고받으면서 이제껏 내가 생각했던 나의 진로와 삶에 대한 생각들도 기초가 깜깜하고 앞이 보이지 않아 막막했던 것이 아닐까 그런 생각이 들기도 했다. 항상 나를 누구나 좋아해 주기를 바라서 상처받던 예전의 모습을 벗어나서, 나는 장점도 단점도 모두 있는 한 사람으로 받아들이고 장점은 키우고 단점은 보완하는 해결책을 만들고 연습할 수 기회가 될 것이라 생각했다.

커피타임 잠깐의 내 생각

현재 내 깡통 안에 들어있는 거 모두 적어보기

(My Accomplishments)

(B-07) 그리고 받았던 또 다른 미션, 바로 10 companies였다. 내가 가고 싶은 10개 컴퍼니(회사)의 역사, 장단점 그리고 나의 장단점을 고려해 발전시킬 수 있는 부분을 정리하는 것이었다. 솔직히 맨 처음에는 이런 걸 왜 하지? 라는 생각이 들었다. 내가 생각했던 그리고 익히 들어봤던 인턴십은 사무실에서 원래 일하시는 분들이 시키는 일이나 잡다한 일 보조를 하면서 출근 시간 되면 오고 퇴근 시간 되면 시간 보내다가 가는 그런 것이었는데 오늘 첫날 멍하고 중요한 하루가 아니었나 생각된다. 시작은 그렇게 했지만 나와 마찬가지로 다른 인턴들에게도 쉽지 않은 미션인 것 같았다. 대부분 그렇듯이 나를 비롯한 평범한 한국 대학생들은 본인들이 하고 싶은 것, 또 진로에 대해 얼마나 생각하고 있을까?

경영학을 전공하는 친구는 패션 일을 하고 싶어 하고, 공대를 다니는 친구는 음악 관련 일을 하고 싶어 하고, 피아노를 전공하는 친구는 그냥 대기업에 들어가 아무 일이든 시켜주는 일을 하고 싶어 했다. 그래서 여기서는 그냥 시키는 것 하면서 그저 해외 인턴십을 했다는 스펙 혹은 수료증 한 장을 얻기 위해 시간 보내고 오늘은 어디로 놀러 갈까 오늘은 어떤 술을 마실까, 하려는 평범한 우리 대한민국 대학생들에 나도 포함되었다는 사실이 왠지 쓸쓸했다.

노는 것, 먹는 것은 누구나 좋아하고 음악도 누구나 좋아하는 것인데 내가 여기서 나의 목소리와 개성을 낼 수 있는 것은 내가 좋아하는 것에 대해서 누구보다 잘 알고 연구하고 나의 독자성을 갖추는 것이 필

내 깡통에 앞으로 담아보고 싶은 것들 적어보기 (Things To Do)

요하다는 생각이 드는 요즘이다.

그리고 이 미션을 하면서 회사 이름을 생각하기는 쉬웠지만 사실상 제일 어려웠던 건 나만 가지고 있었던 생각들을 감독님께 공유하고 말씀드려야 한다는 부분이었다. 다른 때에도 나는 어른 앞에서 의견을 내는 게 어렵고 내 솔직한 감정을 말씀드리는 게 너무 어려운 일이기 때문이다. 그리고 꼭 어른이 아니더라도 다른 사람이 나를 미워할까 봐, 싫어할까 봐 눈치 보고 우물쭈물했던 나의 모습을 발견하게 되었다.

(B-08) 이제껏 나는 내가 맡은 것에 최선을 다하고 살아왔는데 이곳에서는 주어진 것은 없고 내가 그 무언가를 처음부터 만들고 설득하며 발전시켜야 한다는 것에 낯설었다 대표님은 작업에 참여해 일하면서 많은 것을 경험하고 배우는 것도 중요하지만, 이런 미션들을 통해서 각자의 개성과 관심을 알고 거기에 배려해 역할을 제공하는 것도 중요하다고 하셨다. 또 본인들만의 미션을 통해 하고 싶고 보고 싶고 먹고 싶은 뭐든지 기록하고 습관을 지녀보라고 제안하셨다.

어렵지만 반드시 시도할만한 가치가 있는 것이라는 생각이 들었다. 그동안 크리스토퍼 대표님을 보면서, 남의 시선을 신경쓰거나 남을 의지하지 않고 항상 일을 만들어 발전하시는 모습 그리고 그러한 경험들을 말씀해주실 때 처음에는 어떻게 이렇게 하고 싶은 일을 계속하는 삶이 가능할까 신기했다.

내 깡통에 붙이고 싶은 레이블 (My Brand Name)

내 깡통을 그려보기

"나는 그동안 열심히 스스로 일을 만들어내면서 남에게 준 적은 있어도 남이 나에게 일을 준 적이 없다."라는 말씀을 들었을 때 도대체 이해가 되지 않았다. 능력이 없어 일을 주지 않았다는 건가? 아니면 남들이 대표님께서 하시는 이런 일들을 생각하지 못했다는 것인가? 내가 평범해서 이해하지 못하는 것인지, 어려서 이해가 안 되는 것인지 아무튼 신기하고 수수께끼같은 말씀이었다. 하지만 한 가지 분명한 점은 이렇게 자기 자신의 관심사와 경험을 엮어서 새로운 프로젝트들을 만들고 끌어오고 자유롭게 일할 수 있다는 점이 정말로 신기하고 부러워졌다. 앞으로 어떤 일들이 나에게 펼쳐질지 아직도 알 수가 없지만 한 가지 분명한 것은 이 시간들로 인해서 내가 조금씩 성장해 있을 것이라는 생각이 든다.

현재 이곳 미국에서 수많은 한국인 유학생들이 공부하고 있다. 그 많은 사람이 치열한 경쟁 속에서 한국이 아니라 미국이라는 더 넓고 더 나아 보이는 곳에서 공부하는 것은 부유한 집안에서 태어나서 주어진 혜택일까 아니면 생존하기 위한 몇 개 안 되는 선택지일까 그런 생각이 든다.

그것도 그렇지만, 나 역시 여기 미국에 오기 전과 여길 지나서 다시 한국에 돌아갔을 때의 나는 분명히 달라져 있을 거라는 생각이 든다. 아직 보지 못한 것, 하지 못한 것들이 너무 많다. 그 전에 다하고 갈 수 있을까?

나는 남보다 좀 느린데, 주저하는데……

우진

저도 그동안 많이 참여했지만 한두 학생도 아니고 또 매번 어떻게 이런 과정을 실천하시지요?

물론 처음에는 쉽지 않았어요. 내가 하버드를 나온 것도 아니고 아카데미상도 받은 적 없는데 유명 브랜드를 선호하는 국내 대학이나 학생들이 저한테 관심이나 가졌겠어요? 하지만 내 깡통에 작은 돌을 하나하나 넣으니깐 내 존재를 알게 되고 관심을 얻기 시작해서 이제는 누구도 부럽지 않은 나만의 브랜드가 되었어요.

Chris

우진

브랜드를 요구하는 요즘 세상에 그런 관심을 얻어내시기까지 얼마나 힘들고 오래 걸리셨는지 궁금해요!

내가 누구한테 관심을 얻어내려고 시작한 게 아니에요. 그 과정에서 나도 같은 학생 입장으로 내가 궁금하고 배우고 싶은 그런 과정을 자연스럽게 함께한 것이지요. 물론 그 과정에서 예산이나 배급 그리고 전문가 참여에 대한 것 등등은 내 경험에서 나왔지만 이 점도 주변에 있는 내 네트워크 확보에 대한 전략이 필요합니다.

Chris

우진

네 그런 점들이 중요하다고 생각이 들어요. 그러면 매해 다큐멘터리 영화를 만드시는데 상업영화를 생각해 보신 적도 있으신가요? 처음에 어떻게 다큐멘터리 영화를 만들게 되신 건가요?

나는 단점이 참 많은 사람이다. 또 한 번 느끼는 오늘…….

짧을 수도 있고 길 수도 있는 3개월의 여름, 나 자신을 알아보고 내 능력 그리고 내 행복에 대해 알아가는 그런 의미 있는 생활이 기대되고 또 이런 시간을 제공하시는 대표님께 감사드린다. 파이팅!

영화를 만드는 사람으로서 상업영화 생각을 왜 안 해봤겠어요? 20여 년간 영화 후반 작업을 하면서 쌓아왔던 기술과 경험들은 반드시 좋은 기회를 만들어낼 것이라고 기대하고 있습니다.

저는 아주 어렸을 때 부모님을 따라서 이민을 와서 한국역사나 문화를 거의 아는 게 없었어요. 한국전쟁, 일제강점기 등등은 들어봤어도 이곳에서 영어를 배우려고 외국 친구들을 사귀고 미국 생활에 적응하기 바빴지요. 그러면서 어른이 되어 지금은 돌아가셔서 안 계시는 한국전쟁을 치르셨던 아버지를 생각하게 되었어요. 어렸을 때 물어보면 너무 어리다고 나중에 말씀해주신다는 게 성장하면서 관심을 잃게 되었습니다. 그러다가 아버지께서 돌아가신 후 아버지에 대한 그리움도 있고 해서 처음에는 한국전쟁을 참여하신 그 역사를 공부하고 싶었어요.

그런데 다큐멘터리 영화 《Fading Away》는 전쟁 역사 기록영화이기보다는 아버지에 대한 존재 그리고 부모님들의 희생을 담아서 우연히 한국전쟁 종전 60주년 기념을 위해 만들게 되었습니다. 주로 한국은 시작을 많이 기념하는데 미국은 마지막과 결과를 기념하고 기록합니다. 그래서 미국에서는 한국전쟁 종전 60주년 기념행사도 많았고 미국 국방성에서 우리 영화를 홍보하기도 했습니다.

우진

그때 처음으로 제 친구가 참여한 거지요?

#17 I am, Grace!

오늘 나는 워싱턴 D.C에 와서 그레이스라는 친구를 처음 만나게 되었다.

나와 같은 1991년생, 한국 나이로 스물네 살 동갑내기이다.

지금 미국 버지니아에서 어머니와 언니와 함께 사는 이 친구는 왠지 나와 많이 달라 보였다.

왜였을까?

North Korean Defector.

그 친구를 부르는 말은 바로 탈북자였다.

매년 수 많은 사람이 북한에서 탈출하여 먹고살 길과 자유를 찾아 한국으로, 중국으로, 그리고 미국으로도 오고 있다는 것을 처음 알게 되었다. 그레이스는 요즘 크리스토퍼 리 대표님이 제작하시는 또 다른 다큐멘터리 영화 《I am Grace》의 주인공이다.

나는 스무 살 때 새터민 아이들과 만나 선생님 자원봉사를 한 적이 있었기 때문에 왠지 관심이 많이 생겼다. 그런데 나와 같은 나이의 친구를 만나게 되어서인지 이번엔 느낌이 조금 달랐다. 아니 조심스러웠다.

친구가 참여하고 나중에 우진이도 참여했잖아요. 이후 영화는 많은 결과와 인연을 얻어주었죠. 그래서 다시 역사에 대한 관심을 갖게 되었어요. 내가 어렸을 때 미국에 와서 그런 것도 있지만 아무것도 모르기 때문에 학생들과 함께 배우는 자세로 만들었습니다.

이후에 또 다른 다큐멘터리 영화들을 많이 만드셨는데요. 다큐멘터리 영화를 고집하시는 특별한 이유가 있으신가요?

《Fading Away》란 잊혀 간다는 것인데 우리에게는 현재 많은 것이 잊히고 있어요. 사람 그리고 관심 등등이 우리 마음과 머리에서 멀어져가는 것을 잊지 말자는 목적으로 우리 역사와 관계된 내용을 담기 시작했지요. 이 또한 학생들을 참여시키고 현장을 직접보고 만져가며 우리의 관심을 많은 외국인과 나눴습니다. (B-20) [269P] 이 작은 목적으로 시작해서 이제는 시리즈(브랜드)를 만들어낸 것이지요. 고집보다는 관심입니다.

네. 그런데 그런 과정에서 야심도 필요하지만 그걸 이어나가는 실천이 더 중요한 것 같은데 어떤 확실한 과정이 궁금해요!

분명히 눈과 코 그리고 머리색깔, 다 비슷한 한국사람은 맞는데 뭔가 많이 달랐다.

나처럼, 평범한 20대처럼, 한창 대학교에 다니며 연애도 하고 울고 웃고 놀러 다니고 이런 일상들이 이 친구한테는 사치로 보였다. 자유를 찾아서 미국이란 좋은 환경에 있지만, 우리처럼 철없이 세상 무서운 줄 모르는 것처럼 즐기고 떠들고 그런 적이 있었을까? 이것도 추억인데……. 한참 철없는 우리의 모습을 보면 우리 친구 그레이스는 왠지 모르게 너무나 어른스러웠다.

너무나 고통스러웠던 북한에서의 생활.
죽을 만큼 힘들어서, 살기 위해 목숨을 걸고 국경을 넘어야 했던 순간.
먹을 게 없어 남동생을 아사로 보내야 했던 가슴이 미어지는 순간.
중국에서 신분을 숨기고 쫓기며 살아야 했던 지난 수년의 시간.
그리고 자유를 찾아서 온 미국.

나로서는 정말 상상조차 할 수 없는 인생의 비극적인 순간들을 이 친구 그레이스는 겪어왔다.
어둠, 그리고 **빛**…….
밤이 지나고 새벽이 되면 빛을 내는 해가 뜨고 환해지듯이, 나는 이제 친구가 된 그레이스에게 빛과 같은 순간들이 더 많이 생겼으면 좋

확실하고 보장된 과정이란 없어요. 역사도 승리자로부터 기록되고 기록은 바로 역사로 남지만 관점이나 보는 시선은 개개인이 다르다고 봅니다. Chris

내가 실천하고 내 역사를 만드는 데에서 남의 시선을 두려워하지 마세요. 어느 결과물을 만들었을 때 내 경험과 당당함이 또 다른 프로젝트를 이어가는 데에서 어느 정도는 보장된다고 봅니다. 물론 나의 야심도 중요하지만 내 결과에 대한 실망보다는 한 사람의 관심도 참고하고 또 그 한 사람을 다음 프로젝트에 참여시키면 다양한 시선과 관심으로 자연스럽게 더 발전한다 봅니다. 그래서 그 결과는 배로 늘어나는 것도 사실입니다.

 성공하려면 또 필요한 것은 긍정적인 마인드와 습관이라고 알고 있는데요. 예를 들면 부지런해야 한다는 말을 셀 수도 없이 듣고 실천도 하려고 노력하지만 또 어떤 습관을 키워야 하는지도 궁금해요.
우진

태어날 때 부모로부터 물려받은 유전적인 성격도 있지만 습관도 가정을 비롯한 환경적인 영향이 크다고 봅니다. 아무리 내가 긍정적인 습관을 기르 Chris 고자 노력해도 가족이나 친구들 등등 주변 환경이 뒷받침되지 않는다면 좋은 습관을 키우고 만들어가는 과정이 절대 쉽지 않을 거예요.

 ☺ #

겠다고 생각했다. 《I am Grace》라는 제목도 이 친구에게 목적이 있고 뜻이 있고 한 사람으로서 한 여자로서 당당하게 이 사회에서 적응하고 이겨내고 성공할 수 있는 가치가 있다고 말하는 것이기 때문이다.

죽음과 함께했던 오랜 기간을 거쳐 평생 지울 수 없고 평생 치료되지 못하는 가슴 아픔 사연들이 있지만 탈북자로서 미국 시민이 되어 지금은 간호보조로 일하면서 자기 자신의 꿈과 목표를 위해 살아가고 있다.

그런 의미 있는 또 희망적인 다큐멘터리 영화에 지금 내가 참여하고 있다.

이제는 당당하게 미국 시민으로서, 대한민국을 자유스럽게 드나들 수 있는 자유인으로서 나는 그레이스와 함께 서울에서 촬영할 예정이다. 짧지만 함께 지내면서 한국에서의 일반적인 대학생의 일상을 보여주고 싶다.

강남 미용실에 가서 강남 스타일로 머리도 바꾸고, 동대문에서 쇼핑하면서 이것저것 발라보고 입어 보고…….

I am Grace, 나는 그레이스라고 말하는 친구,

그런데 나는 누구지?

우진 사람들도 다들 잘하려고 노력은 하지만 대부분은 남이 잘되면 욕심이 많아서 그런 건지 칭찬을 잘 해주지 않습니다. 그러면 부모님께서 자녀들에게 칭찬을 자주 못 하는 것도 성격일까요? 아니면 습관일까요?

물론 타고난 성격도 있겠지만 우진이의 잘못도 분명히 있을 거예요. ㅋㅋ 하지만 잘못을 탓하지 않고 서로 소통한다면 꾸지람이 칭찬으로 바뀔 수도 있는데 말이죠. 하지만 내 자식이 남보다 잘되어야 한다는 기본적인 마인드가 칭찬보다는 무조건 시키는 나쁜 습관이 되어버린 것이라고 생각합니다.
Chris

우진 저도 잘 모르겠어요. 꾸지람을 많이 받긴 하는데 그래도 칭찬을 많이 받고 싶지 않겠어요? 제가 생각해도 저는 조금 느리고 게으른 편이지만 기본적으로 저의 습관이라면 항상 긍정적으로 생각하고 뭔가 하고 싶은 게 있으면 끝을 보는 게 있기는 해요. 이외 더 중요한 기본적인 좋은 습관이란 어떤 것들이 있을까요?

글쎄요. 좋은 습관이란 어느 기준을 둬야 할까요? 누구나 성격이 다르고 개성도 있겠지만 우리가 흔히 나쁜 습관이라고 할 수 있는 것은 목적 없이 사는 것, 남의 부탁 거절 못 하는 것, 항상 불평과 불만, 행동보다는 말이 먼저, 실천 없이 요령 피우는 사람 등등을 말하겠지요. 뭐 이렇게 살아도 본인이 좋다고 생각하고 행복하다면 누가 뭐라고 할 수 있겠어요?
Chris

☺ #

#18 불야성의 라스 베가스 여행 후기

아침 10시쯤 캘리포니아 글렌데일 숙소를 떠나서 감독님 차를 타고 사모님, 인턴 언니 그리고 인턴 친구와 함께 라스베이거스를 향해 달렸다. 지평선 끝까지 막힘없이 펼쳐지는 평원과 사막 사이를 달리는 고속도로에서 나는 미국이라는 나라가 얼마나 큰지 다시 한 번 실감했다. 라스베이거스에 도착하기 전, 중간에 Barstow Outlet이라는 곳에서 잠깐 쇼핑도 하고 말로만 들어보았던 미국에서 유명한 IN-N-OUT 버거를 점심으로 먹었다.

아무것도 보이지 않고 섭씨 40도에 육박하는 뜨겁고 끝없는 사막을 지나, 라스베이거스 표지판을 지나면서부터 사막 속 오아시스 같은 신세계가 내 앞에 펼쳐졌다. 낮에는 그 화려한 불바다를 실감 못했지만, 그래도 4시간을 달려온 이 뜨거운 사막 한가운데 거대한 도시가 오아시스처럼 내 눈에 펼쳐져 있었다.

뉴욕, 파리, 몬테카를로, 이집트, 베네치아, 엑스칼리버, 플래닛 할리우드, 벨라지오⋯⋯. 전 세계 모든 도시가 이곳에 모여있었다. 방이 5천 개, 6천 개씩이나 되는 거대하고 화려한 호텔들만의 자기 개성을 뽐내듯이 우뚝 서 있고 마치 동화책 속에 들어온 것처럼 모든 테마 식 호텔

하지만 누구나 성공을 위해 좋은 습관을 지켜야
하고 또 지키고 싶겠지만 좋은 습관을 만들어 가
는 과정도 중요하다고 봅니다. 아무리 긍정적이고 **Chris**
야심이 있다고 해도 성공을 위해서 지켜야 하는
자신과의 약속이 바로 좋은 습관을 만드는 과정이
라고 생각합니다. 다음은 내가 반드시 지키고 실
천하는 습관을 얘기해주고 싶어요.

1. 기본을 지켜야 한다. (예의, 배려, 등등)
2. 즐기면서 잘 될 것이라 믿는다.
3. 남에게 의지하지 않는다.
4. 남에게 변명하지 않고 문제를 지혜롭게 스스로
풀어나간다.
5. 시간과 자기 자신을 잘 관리(컨트롤)한다.
6. 멘토에게 감사하고 자신에게도 칭찬한다.
7. 인맥(네트워크)을 많이 만든다.
8. 시간표를 짜고 시간 약속을 반드시 지킨다.
9. 블로그나 일기장에 하루하루 과정을 적는다.
10. 말한 것에 책임을 지고 도전을 두려워하지 않
는다.

나쁜 습관과 좋은 습관 어떻게 구별하고 발전시켜
야 하는지 아직도 잘 모르겠지만 남에게 피해 주지
우진 않고 내 목표를 위해 하나하나 실천하면 성장하는
과정이라고 하면 될까요?

＋ ☺ ＃

들이 마냥 신기하기만 했다.

"우리 숙소는 어디지?"

설레는 마음으로 우리가 지낼 호텔에 체크인하고 방에 들어왔다. 가방을 던져두고 창밖으로 보이는 이 거대하고 뜨거운 도시, 감탄사가 나오는 풍경을 바라보며 생각했다.

'주머니에 단돈 20달러밖에 없는 학생이 이런 호화스러운 5성급 호텔에 와 있다니……'

사막 한복판의 거대한 도시인 이곳처럼 모든 게 판타지인 것 같이 믿기지 않았다. 앞으로 며칠간 이곳에서 꿈 같은 생활을 체험한다니 심장이 마구 뛰었다.

대충 씻고 옷을 갈아입고 호텔 밑에 있는 뷔페에 갔다. 번쩍번쩍 빛나는 대리석 바닥에 화려한 벽과 천장 그리고 나를 부르는 슬롯머신들

결론은 나쁜 습관 좋은 습관을 구별할 수 있다면 그만큼 성장했다고 볼 수 있어요. 그러면 우진이 별명은 뭐예요?

 Chris

 우진

 ㅋㅋㅋ

별명요? 흠……. 어렸을 때 친구들이 느림보, 태평이, 육등이 등등이라고 불렀고 왜 그런지는 대충 알아요. ㅋㅋㅋ

느림보 ㅋㅋㅋ 공감함! 태평이 ㅋㅋㅋ 공감함! 육등이? 이게 뭐지?

 Chris

 우진

알아 맞춰보세요!

물론 느림보고 태평하니까 일 등 아니고 육 등 이겠지?

 Chris

 우진

오 ㅋㅋㅋㅋㅋㅋㅋ 정답입니다!

을 거쳐 식당에 들어섰다. 역시 도시 전체 스케일이 다르듯이 음식들도 다양하고 최고급이었다. 게다가 이 모든 것이 무제한이라니…….

그렇게 눈과 배를 채우고 해가 질 무렵 피곤한 몸과 함께 그 화려한 불 도시를 체험했다.

낮과는 또 딴판이었다. 다른 세상에 온 것처럼 곳곳 아스팔트 바닥을 빼곤 모든 건물과 시설물들이 네온사인들과 LED로 불바다가 다름없었다.

수많은 관광객과 태양처럼 눈 부신 조명들을 사이에 두고 머리를 마구 돌려댔다. 1초도 시선을 한곳에 두지 못하고 정신없이 눈이 돌아갔다. 고개가 아플 정도였다. 위아래 왼쪽 오른쪽 핸드폰에 담기 시작했다.

아래에서 본 불바다는 위에서 보면 더 실감난다고 대표님께서 위로 올라가자고 해서 109층 높이에 있는 전망대에 올라갔다. 초고속 엘리베이터는 단 30초에 사람들을 태워 날랐고 우리는 꼭대기에 내려서 360도 야경을 보게 되었다. 밑에서 보는 불바다와 위에서 보는 불바다. 4시간의 사막을 지나 이 신비한 도시에 이런 광경이 펼쳐있다니 또 한번 우리 인간들의 위대한 힘을 실감했다.

하늘을 나는 헬기들이 내 발밑에서 돌고, 롤러코스터와 놀이 시설이 주변에 돌고 있다니……. 웬만한 심장을 가진 사람들은 상상도 못 할 것이다.

아니 일 등 하려고 노력하는 거 아닌가? 여섯 명이 있다면 꼴찌네? 이제 알겠지? 다리 짧은 게 왜 이겼는지? 아무리 느림보든 태평이든 이기려고 연설을 준비했다면 절대로 육 등은 안 할 겁니다.

Chris

ㅋㅋㅋㅋ 맞아요. 그럼 대표님의 별명은요?

우진

그러면 우진이도 내 별명 알아맞혀 봐요.

Chris

ㅋㅋㅋ

우진

어……글쎄요. 한두 개가 아니고 엄청 많이 스쳐 가는데요? ㅋㅋㅋㅋㅋㅋ

아니야 그래도 맞혀 봐! 우진이가 생각하는 내 별명이 궁금해요.

Chris

음……. 추진력이 엄청나신데 이걸 어떻게 표현할까……. 맥가이버??

우진

다시 내려와 땅을 밟아 이제 다운타운에 있는 'Freemont Experience'를 보러 갔다. 위아래 모든 게 불바다로 보였는데 이곳은 또 다른 경험이었다. 긴 도로 위에 지붕을 만들어 수백만 개의 조명으로 화려한 미디어 쇼가 시간마다 펼쳐지고 밑에는 음악과 함께 축제 분위기로 사람들이 즐기고 있었다.

그 많은 시설물과 작은 무대에서 여러 밴드가 연주하고 앞에서는 사람들이 춤을 추고 함께 즐기고 있었다. 그래서 우리는 뭔가 또 해봐야 하지 않을까 하는 생각에, 한번 대한민국 청년들의 끼를 보여주기 위해 우리 여자 셋이 무대에 서기로 했다.

용기가 나지 않았던 한 친구는 독한 칵테일 한 잔을 원 샷하고 올라가서 YMCA를 미친 듯이 소리 지르면서 불렀다. 무슨 용기로 했는지 모르지만 이런 분위기에 다 같이 미치고 즐기자는 마음들이 이러한 모험을 하게 된 것 같았다. 가사는 잘 모르지만 Y.M.C.A. 부분만 미친 듯이 외치고 수많은 외국인에게 박수를 받고 내려오니깐 이제야 창피함에 못 이겨 나도 한잔 원샷했다.

도시로부터 달려온 오아시스의 하루가 이렇게 마무리되었다.

Chris

실은 많아요. ㅋㅋ 대변인, 투덜이, 터미네이
터……. ㅋㅋ 하고 싶은 말, 해주고 싶은 말 다 한
다는 거지요. 그리고 또 있어요. 왠지 많은 사람이
'Genius' 하고 불러요. ㅋㅋ 천재라서 그런지 남
이 안 하는 거 해서 그런지 놀려대는 건지 몰라도
나는 내 별명에 대해 고민이나 걱정한 적 없어요.
남의 시선에 내가 투덜대는 천재로 비칠지 모르지
만 이 모두가 긍정적인 이유가 있는 것이고 내가
살아가는 과정이고 또 이 과정이 오늘 나를 만들
어내서 후회는 없습니다.

우진

글쎄요……. 대표님처럼 하고 싶은 말 다 하고 하
고 싶은 일 다 하면서 사는 사람이 몇이나 될지 모
르지만 저도 긍정적이든 부정적이든 제가 얻은 별
명에 대해 불만이 없는 떳떳한 사람이 되었으면 해
요. 그리고 감독님의 'Genius' 같은 별명도 얻었으
면 해요. 제가 열심히 해서 이룬 것들을 대변하는
별명이지 않을까요?

물론 열심히 해서 이뤄낸 것도 있겠지만 행동을 표
현하는 것 같기도 합니다. 남이 하지 않은 것을 시
작해서 결과를 만들어내니까……!

Chris

그렇게 첫날을 보내고 술에서 깨어나 보니 또다시 뜨거운 사막 날씨가 나를 반겨줬다.

오늘은 뭘 할까? 하루가 일년 같아 모든 것을 할 수 있는 이곳에서 또 하루가 기대되었다.

아침을 먹고 다시 차에 올라 30분 정도 달려서 후버 댐에 갔었는데 너무너무 신기한 날씨를 체험했다.

태어나서 한 번도 아직 가본 적이 없었던 사막, 한낮에 최고 기온이 섭씨 45도가 훌쩍 넘고 무척이나 건조해서 아 이런 날씨가 사막이구나 느꼈다.

후버 댐 견학을 하러 잠깐씩 밖에 서 있는 것만으로도 피부가 따갑고 힘들었다. 그리고 후버 댐의 경우에는 정말 크고 깊어서 이 댐의 건설이 경제 대공황을 극복하는 데 큰 영향을 끼쳤다는 이야기에 수긍이 가기도 했다. 차에서 에어컨을 틀고 달려온 이곳을 85년 전 아무것도 없었던 시절에 수천 명이 목숨을 바쳐 건설했다니 나는 역시 개미같이 더 작아졌다.

후버댐에 다녀온 후 또 하루의 화려한 밤을 체험하기 위해 낮잠도 자고, 벨라지오 호텔 뷔페에 가서 일찍 저녁을 먹고, 말로만 듣던 태양의 서커스 공연 중 하나인 《Mystere》를 보러 갔다.

우진

성공하기 위해 야심, 열정, 좋은 습관 그리고 실천……. 이 모든 게 우리 청년들이 갖춰야 하는 준비 과정이라면 요즘 청년들의 취업에 대한 고민도 무시하지 못합니다. 대표님께서 생각하시는 취업 준비 과정이란 무엇인가요?

Chris

위에도 말했지만 나의 성공을 위한 진로는 나의 취미와 장점을 고려해 평생 하고 싶은 일을 선택하는 것이라고 했습니다. 취업을 위해 대학 학위를 따고 취업준비를 하기 위해 또 학원에 다니고 시험 준비를 하고……. 대학 입학할 때 봤던 수능처럼 취업을 위한 또 다른 시험들이 기다리고 있습니다.
하지만 우리 청년들이 알아야 하는 것이 있어요. 모든 기업의 채용 절차와 준비 과정이 다 똑같다고 생각해서 그 많은 학생이 취업을 위해 같은 원서를 넣고 같은 취업 시험을 치는 과정은 절대 옳지 않다고 봅니다. 관심, 모습, 습관 그리고 생각들이 다 다른데 어떻게 기업들이 모습과 습관 그리고 관심들이 같을 수가 있겠어요? 우리가 야구 시합을 보러 가든 농구를 보러 가든 각 팀의 작전과 노력이 있습니다. 기업도 마찬가지로 그들만의 습관과 철학이 있습니다. 우리들의 장단점이 있듯이 기업들도 장단점이 있다는 말입니다. 그래서 내가 학생들에게 주는 미션 중 '10 Companies'라고 있습니다.

우진

네…. 저에게도 쉽지 않은 미션이었습니다. 저도 그렇지만 대부분 인턴 학생들에게도 쉽지 않았어요.

서커스는 TV에서만 봤는데 이 서커스 공연의 차별점이 무엇인가를 생각하지 않을 수 없었다.

공연이 시작하기 전에 어떤 백발의 노신사분이 입장하는 관중들이 지루하지 않게 자연스레 코믹한 모습과 행동으로 사람들을 집중시키고 공연의 시작을 알렸다.

전체의 서커스 공연 시간 동안 흐르는 하나의 스토리, 그 스토리의 배경이 되는 라이브 음악, 스토리를 진행하는 서커스 단원들의 연기……

공연을 보는 내내 공연장 안의 사람들의 눈과 가슴을 집중시키는 역할을 한 것은 아닐까 생각한다. 이런 멋진 공연의 기획 방법들을 우리나라 공연기획자들이 많이 배우고 참고해서 좋은 공연을 보다 쉽게 만날 수 있으면 좋겠다는 생각이 들었다. 그렇게 90분 남짓 이어졌던 공연은 정말 하나하나 장면들이 엄청난 재능과 노력으로 짜인, 예술작품이라고 느껴졌다.

이런 공연들의 제작비가 평균 300억 원이라니 놀라웠고, 이 엄청난 예산을 투자한 공연의 질은 더욱 놀라워서 한 사람당 100달러(약 12만 원) 하는 공연티켓이 절대 아깝지 않았다. 역시나 짧은 인생이지만 거의 평생을 살아온 한국은 내 생각보다 너무 작은 곳이었고, 미국이라는 나라는 이렇게 스케일이 크고 여러 가지 오락 시설뿐만 아니라 여러 분야에서 세계 최고라고 자부하는 넓은 세상이라는 생각이 들었다.

그렇게 또 다른 신비의 세상을 맞보고 호텔로 돌아와서 칵테일 한 잔

나의 장단점과 관심 분야를 분석하고 이와 맞는 기업을 선택해야 합니다. 모든 기업이 완벽하지 않기 때문에 이 또한 분석할 수 있는 능력이 되어야 합니다. 지금 내가 고등학생이든 대학생이든 졸업한 청년이든 평소에 꿈꾸었던 기업이 얼마나 되는지 한 번쯤 생각할 시기입니다.

그리고 10개의 기업 이름을 적어 기업마다 그들의 역사(시작), 철학을 분석하고 또 기업에 대한 장단점을 찾아 적어 보세요.

모든 시설을 갖추고 돈도 많이 준다고 해도 창문이 더러우면 그것이 그 기업의 단점입니다. 기업은 본인들의 장점을 발전시키는 것도 중요하지만 단점을 보강하는 게 더 중요하다는 점입니다. 그래서 내가 이 기업에 들어갈 수 있는 준비 과정이란 기업에서 요구하는 기본적인 장점을 갖추는 것을 넘어, 이외에 나만의 장점(무기)로 그 기업의 단점을 장점으로 발전시킬 수 있는 준비가 되어야 합니다. 그 기업은 그런 인재를 찾는 것입니다. 반드시 이 기업에 대한 역사(정보)를 알아야 하고 이 기업의 미래가 내 미래이기에 나의 장점이 이 기업의 단점에 도움이 되는 능력을 준비해야 합니다.

아이고 알아야 할 게 너무 많네요. 그리고 이런 중요한 과정을 우리는 모르고 남이 하는 방법을 그대로 실천하고 있습니다.

을 마시며 음악을 감상했다.

그리고 이곳이 도박의 도시가 아닌가? 비록 가진 건 없어도 나도 하고 왔다. 비록 빈털털이가 될지라도……

그래서 주머니에서 구겨진 20달러를 슬롯머신에 넣고 기도를 시작했다!

많은 생각이 스쳐 갔다.

대박이 터져 건물을 살까? 학교는 그만둬도 되겠지? 엄마 아빠 집도 사주고 동생 학비 내주고……

단돈 20달러의 기적을 바랐다.

그렇게 조금씩 조금씩 잃기도 따기도 하다가 22달러로 만들었다.

웬만한 아르바이트를 해도 요즘 한국에서 최저 시급이 5,600원쯤인데, 신기하게도 10분도 안 되는 시간 동안에 나는 그 시급의 반절쯤인 2달러(약 2,500원)를 번 것이다.

전쟁터에 나가면서 그 적(목표 기업)을 이기는 방법은 적의 단점을 고려해 나의 장점인 무기를 만드는 것입니다. 전쟁에 비유하는 건 사실 적당하지는 않지만, 그만큼 사회가 힘들고 냉정하다는 의미입니다. '10번 찍어 안 넘어가는 나무 없다'는 말이 있듯이 내가 원하고 들어가고 싶은 기업 10개를 하나하나 분석하고 이 기업이 요구하는 장점과 발전에 필요한 단점에 대해서 해결책을 준비한다면 나를 원하는 기업이 반드시 있을 겁니다.
그리고 나의 무기란 단점을 분석할 수 있는 능력이 아니라 그동안 내가 쌓아온 특기, 기술 그리고 경험들을 말합니다.

Chris

우진

요즘 좋은 대학을 나와도 항상 꿈꾸던 대기업에 들어가기가 이렇게 힘든데 그러려면 도대체 얼마나 많은 무기(장점들과 경험)가 있어야 할까요?

취업이 안된다고 나라 탓하고 부모 탓하는 사람들을 보면 대부분 시키는 일은 잘했을 것이라 생각됩니다. 일단 학교에서 요구하는 수업과정은 마쳤고 졸업은 했으니깐 잘 될 것이라고 하지만 그 수많은 청년이 준비 없이 같은 생각이라서 이런 취업난이 온 것이라 생각됩니다. 졸업생 10명 중 4명은 취업이 힘들다는 결론은 준비되지 않아서 그런 것이지 사회적인 이유가 아니라고 봅니다. 남을 탓하기 전에 나도 그 여섯 사람 중 한 사람이 되기 위해 준비하는 자세와 노력이 필요합니다.

Chris

☺ #

그러고서 카지노 옆에 있는 아이스크림 가게에서 5달러짜리 아이스크림을 사서 먹으면서 게임 하는 사람들을 구경하고 있었다.

그런데 옆에서 같이 구경하던 남자 두 명이 와서 나에게 많이 땄느냐고 물어봤는데 아까 아이스크림 사 먹은 이야기를 해줬더니 나에게 정말 많이 땄다면서 자기들은 잃기만 했다고 했다.

그래서 나는 괜스레 뿌듯해졌지만, 그들도 게임을 하면서 100% 지지만은 않았을 텐데 아까 전의 나처럼 조금 더 따고 싶은 생각, 잃을 수 없다는 생각에 욕심을 부리다가 다 잃어버렸을 것이라는 생각이 들기도 했다.

나같이 아이스크림 먹을 만큼은 딸 수 있었을 텐데…….

이렇게 늦은 라스베이거스 밤을 보내며, 그래도 우리가 청춘이 아닌가, 어제 무대에 올라갔던 용기를 생각하면 밤 문화를 체험하기로 했다.

인터넷에 검색해서 클럽으로 향했다.

한국에서도 별로 가보지 않은 클럽이지만 EDM 중심으로 들려오는 음악들이 한국에서 가봤던 곳들과 별반 다르지는 않았다.

사람들도 가지각색으로 여러 나라 사람들로 꽉 차 있었고 소리를 질러가며 몇 사람들과도 대화했다. 스위스에서 온 사람, 생일 파티를 하는 사람들 등등…….

여기는 워낙 휴양지이기도 하고 사람들 옷차림도 무척이나 자유롭고 무엇보다 얼굴에 다들 여유로운 미소를 짓고 있어서 나도 덩달아 분위

커피타임 잠깐의 내 생각

(나의 '10 Companies'를 적어 보세요)

기업이름과 정보	장점	단점
1.		
2.		
3.		
4.		
5.		
6.		
7.		
8.		
9.		
10.		

기 속에 편안히 있을 수 있다는 것이 좋은 점이었다.

저녁때 식사를 하면서 감독님께서 해주셨던 라스베이거스 오는 사람들, 특히 미국 사람들은 열심히 일하고 또 열심히 쉬고 놀러 오는 것이라는 말씀이 기억에 많이 남았다. 비록 도박과 유흥의 도시이지만 이 화려하고 엄청난 도시가 왜 정말 많은 영화의 배경이 되는지 이제 조금은 알 것 같다.

나도 나중에 또 열심히 일하고 여기에 쉬고 재충전하러 다시 오고 싶다는 생각을 하게 되었다. 그렇지만 선행해야 하는 것은 "Work hard, Play harder"이기에 할 일을 열심히 하는 것이겠지!

우진

그 수많은 대학생과 청년들이 24시간 책상 앞에서 잠을 설치고 취업을 위해 오늘도 학원이다, 취업준비다, 뛰어다니고 있습니다. 저희에게 조금이라도 쉬운 준비 과정이 과연 있을까요? 휴…….

Chris

물론 모든 대한민국 대학을 부정적으로 보지는 않아요. 하지만 4년제 대학을 나오고 대학원 석박사까지 10여 년 간 책과 싸우는 것보다 내가 원하는 집중적인 교육을 선택하는 것이 더 현명하다고 봅니다. 내가 평소 관심 있는 게임을 개발할 수 있는 게임콘텐츠 교육, 동물을 좋아하고 강아지를 좋아하면 애견 훈련 교육, 만들기를 좋아하면 로봇 공학 교육을…… 이렇게 드론, 입체영상미디어, 환경화학공학, 주얼리, 미용 등등 요즘 많은 청년이나 어른들이 관심 있는 분야를 나의 진로로 정해서 집중적인 교육을 받는다면 10 Companies 중에서 이보다 많은 취업 성공을 얻어내는 것은 물론 해외취업에 대한 가능성도 크다고 봅니다. 무엇보다 내가 평소에 좋아하는 것을 하는데 무엇이 문제일까요?

우진

글쎄요. 학력에 대한 남의 시선? 미래보장? 부족한 정부지원? 이외 여러 가지도 있겠지만 이런 진로나 과정을 이해하지 못하고 지지를 해주지 못하시는 우리 부모님들도 이유라고 생각이 드네요!

취업이란 또 다른 내 가정을 이루는 것입니다.

Chris

#19 우여곡절 끝에 연극《Fading Away, the Play》

2014년 09월 20일

(B-04) 오늘은 연극《Fading Away, the Play》공연이 대학로예술극장 3관에서 있었던 날이었다.

이 공연 내용은 현재 76세인 한 여인 '우진'의 삶을 10대, 20대, 40대 그리고 70이 넘은 지금 노년의 삶까지 네 가지 파트로 나누어서 한 사람의 배우가 연기하는 1인극이다. 그런데 극 중에 등장하는 또 다른 등장인물들은 뽑기로 이름을 뽑아 정해진 대본 없이, 10대일 때는 고무줄이랑 가위팔방 놀이를 같이 하고 40대 때는 '우진'의 아들이 되거나 해서, 배우와 함께 대화를 이어가고 참여시키는 관객참여형^{Audience} ^{Interactive}연극이라는 점이 특이했지만

엄청 두렵기도 한 도전이었다. 무대 위에 보이는 배우는 한 명인 1인극 이지만, 관객들이 어떻게 반응하고 참여하는지에 따라서 극이 완전히 다르게 구성될 수 있는 공연이었기 때문이다.

사실 모든 것을 사전에 짜고 연습해서 하는 공연에도 공연이 잘 나올까, 하는 중에 무슨 일이 생

하지만 대기업을 선호하면서 회사에 들어가는 과정에 모든 스트레스와 숨통 터지는 경쟁 속에서 희망도 없고 발전할 수 없는 대기업을 고집하는 것보다 작지만 맑은 공기가 있고 나의 창의적인 마인드와 열정을 발휘하면 많은 것을 이뤄낼 수 있는 중소기업과 함께 성장할 수 있다는 그런 개념을 왜 많이들 생각하지 않을까요? 숨통 막히는 대기업이 아닌 힘들지만 조금 더 여유가 있는 중소기업이든 힘든 과정이지만 조금 더 자유로운 나만의 1인 창조 기업에의 길이 있는데 왜 이 길을 선호하지 않을까요?

Chris

우진

....

결론은 나의 진로Path를 고민하는것이 아니라 나의 목적과 목표Goal를 선택하는 게 중요하다는 것입니다. (B-21) (215P) 목적지가 없으면 길이 없다는 말이지요. 취업은 과정Process이고 직장은 목적지Goal입니다. 그 목적지가 1인 창조 기업이든 취업이든 나의 장단점과 취미와 관심이 반드시 뒷받침되어야 행복하다는 점입니다. 직장이란 이러한 장점과 관심으로 얻어낸 내 기술과 지식이 무시되고 단순히 시키는 일만 하는 장소(직장)가 아니라는 의미입니다. 취업이란 또 하나의 1인 기업인으로서 내가 가지고 있는 모든 장점을 제공하여 그 공간에서 함께 발전하는 그런 창의적인 마인드가 되어야 한다는 말입니다. 기업이란 많은 1인 창조 기업(나의 지식과 경험)이 모여 만들어지는 공간이라고 봅니다.

Chris

길지 몰라 조마조마한데, 이 공연은 정말 랜덤으로 관객 중에서 상대역을 뽑아 즉흥적으로 극을 이끌어나가야 하기 때문이다. 그래서 사람들의 반응은 어떨지, 이 공연을 얼마나 사람들이 보러올지, 제대로 공연이 진행이 될지 오만 가지 걱정이 앞서고 두려웠다.

모든 게 처음이고 새로워서 엄청 많이 힘들고 걱정하고 할 일이 태산이었다. 아직 대학교 2학년밖에 되지 않은 학생이 대학로에서 누구도 해볼 수 없는 이런 공연을 맡았으니. 학교에서 이제껏 교과서에서 배웠던 것들 그리고 아는 것들과 너무 달라서 너무 힘들고 혼란스럽기도 했다. 나는 사실 학교에서 연극원 소속 학생이지만 연극 공연을 자주 보는 편도 아니고 제대로 연출을 해 본적도 없고 학교에서 했던 건 기획 역할으로 구분된 부분적인 일들만 했었다. 그런데 이번 공연의 경우에는 실제로 대한민국 연극의 중심지인 대학로의 극장을 대관해서 공연하는 것이었기 때문에 내가 이제껏 학교에서 해왔던 공연과는 차원이 달랐다.

맨 처음에 대표님께서 이런 연극을 제안하셨을 때는 왜 또 이런 연극을 해보라고 하시는지 의문이 들었다. 그리고 당장 공연까지 거의 한 달밖에 안 남았는데 그렇게 짧은 시간을 앞두고 해보자시는 제안에 좀 어이도 없었다. 문화 차이인지 세대 차이인지 극본도 잘 이해가 되지 않는 부분도 많았다. 그런데 왠지 모르게 그동안 미국 이곳저곳을 다니면서 이제껏 해보지 않았던 것들과 할 수 없을 거라고 생각하는 것들을 어렸을 때 내 별명?

내가 지금 다큐멘터리 영화를 만든다면 그 제목과 내용은?

Chatting

나도 왠지 해볼 수도 있다는 생각이 조금은 들어서 시작하게 되었다.

(B-06) 남들이 도전하지 않는 방식은 새롭고 좋기는 하지만 도대체 왜 이렇게 공연을 만들어야 하는지, 이 촉박한 시간들 속에서 나만 너무 욕심을 부리는 것인지 왜 나 혼자서 이렇게 고통스러워야 하는지 잠들 시간도 모자랄 만큼 할 게 너무 많은데 하면서…… 이런 기회와 많은 도움을 주시며 든든히 버팀목이 되어주셨던 총 제작자인 크리스토퍼 대표님을 비롯해서 같이 하는 팀원들에게 한껏 날이 선 채로 불평을 하고 짜증을 낸 적도 있다.

게다가 가장 어려웠던 것은 사람들을 팀으로 모으고 함께 일하는 것이었다. 연출, 무대미술 파트를 맡아 같이 할 친구들은 바로 생각이 나서 구했지만, 이 연극에 적당한 배우를 구할 때에는 내 네트워크나 리소스가 이렇게 부족했나 생각했을 정도로 카톡 친구들과 페북 친구들을 다 훑어봐도 같이 하자고 말하기가 어려웠다. 몇 번 이야기해봤던 친구들도 결국엔 무산……. 그래서 결국 오디션 웹사이트를 통해 배우 공모를 하게 되었다.

또한 내가 처음에 설득한 친구들을 끝까지 동기부여하고 이끌지 못했다는 아쉬움이 너무 많이 남는 공연이다. 그리고 연출의 경우에도 오디션 때부터 배우의 움직임과 발성 등 모든 것을 봤어야 하는데 그런 기본적인 것도 몰랐던 나는 이번 공연을 하면서 경험이란 참 중요한 것

PART 4

창작

> 밀어서 잠금해제

이구나, 사람들이란 참 중요한 것이구나 하며 다시 한 번 뼈저리게 느꼈다. 연극을 만든다는 것은, 그리고 그런 창작에 사람들을 참여시키고 같은 목표와 미션을 공유하고 리드한다는 것은 너무 중요하다고 어렵다는 생각을 했다. 그래서 이번에 참여한 친구들에게 너무 고맙고 미안한 마음이 앞선다.

그리고 한참이나 부족한 나에게 기획을 해볼 수 있는 기회를 만들어주신 크리스토퍼 대표님께도 너무 감사하고 또 죄송한 마음이다. 내가 부족해서, 나의 부족함으로 더 세세하게 준비하지 못하고 챙기지 못한 점이 마음에 많이 걸린다. 준비하는 중간에 욕심이 앞서서 사람들에게 날카로워지고 날이 선 모습들을 보였던 것도 그렇고, 공연기획과 콘텐츠 제작자를 꿈꿔온 나이지만 그 길로 걸어가기에 아직 나는 많이 멀었구나 하는 생각도 들어 많이 아쉽다. 학교에서 해왔던 작업들도 물론 소중한 경험이었지만 학교 밖에서 하는 경험들은 학교에서 느낄 수 없고 볼 수 없던 부분들을 알게 해 주었다. 앞으로 나의 길에 있어서 어떤 점들이 필요한지에 대해서 절실히 깨닫게 되기도 했다.

집에 들어와 '와, 끝났구나' 생각하니 이 공연을 준비했던 시간들이 막 스쳐간다. 맨 처음 미국 사무실에서 기획 아이디어를 이야기할 때부터 공연장을 구해야 하는데 발을 동동거리던 시간들, 극적으로 마음에 드는 공연장도 구하고 배우 오디션을 하고 학교 연습실을 빌려 연습하고, 또 실제로 관객들이 참여하며 실제로 무대와 객석에서 공연을 만

우진
누구나 선호하는 대기업이 아닌, 중소기업이나 나만의 1인 기업을 선택하는 데 필요한 창작이란 무엇을 말하는 것일까요?

'창작'이란 영어로 'Creation'이라고 말할 수 있지만 나만의 콘텐츠에 대해서는 'Innovation'이라고 앞에서도 언급했습니다. 물론 이 세상에 없는 것을 창작하기는 쉽지 않지요. 모방은 복제지만 기존에 있는 것을 보다 편리하고 보다 효능을 좋게 하는 것이 창작이 될 수도 있다고 봅니다. 같은 것이라도 누가 어느 용도에 쓰느냐에 따라 다르듯이 나를 위해 누구를 위해 콘텐츠를 개발하고 발전하는게 창작이라고 봅니다.

Chris

우진
작년에 대표님께서 펴내신 《Clever Swallow》라는 책에 관해 설명해주세요. 한국 고유 전래동화를 패러디해서 그림과 글을 다시 만드셨는데 이것도 창작인가요?

원래 우리나라 전래동화와 이솝이야기는 흔히 동물들이 나오고 교훈이 들어 있다는 점에서 인기 교재로도 많이 사용됐습니다. 하지만 시대가 바뀌면서 우리 역사가 사라지듯이 이러한 흔적이 많이 없어지고 요즘 세대들은 모르고 있는 경우가 많아요. 그래서 기존에 나와 있는 유명 이솝이야기와 전래동화 8개(금도끼 은도끼, 혹부리영감 등)를 패러디하여 조금 흥미롭게 Interactive 한 스토리로 이어 제작했습니다.

Chris

들어가는 모습을 지켜보며 가슴졸였던 순간들까지 말이다.

나에게는 이 모든 과정이 엄청난 현장수업이었고, 성장하는 과정이었고 많은 것을 느끼고 체험할 수 있었던 중요한 시간들이었다. 보통 공연 무대에서 배우도 중요하지만, 관객들의 마음을 움직이고 관객들이 공연을 함께 만들어간다는 이 엄청난 도전이 신기했다. 관객들이 바라보는 무대보다 배우들과 모든 관계자들이 바라보는 더 큰 무대가 있었구나 하는 것을 깨닫게 되었다.

그리고 공연을 만든다는 것은 관객에게도 만드는 사람들에게도 잊을 수 없는 순간을 선사하기 위한 것이라면 그리고 살아가는 데 있어 일상을 잠시 비껴서서 있을 수 있게 하는 것이라면 참 좋겠다는 생각이 들었다. 나 자신도 이 연극 속 인물인 '우진'처럼 이제 10대를 벗어나 20대를 살고 있고 앞으로 40대 그리고 70대가 될 내 모습을 상상해보기도 하고 바쁜 일상 속에서 잠시 멈춰서서 생각을 그리고 감정을 폭발적으로 느낄 수 있는 시간들이었다.

앞으로 내 삶은 어떻게 펼쳐지고 마무리될까? 해피엔딩일까?

더욱더 보람이 가득 찬 하루하루, 나 자신의 무대가 많은 사람들과 함께 감동하고 공감하는 그런 삶의 무대가 되었으면 좋겠다.

Chris

원래 있는 이야기들을 모방한 것이 아니라 다르게 표현했지만 전하는 교훈은 남겨두고 지루하지 않고 흥미로운 방법으로 만들었습니다.

우진

누구나 아는 전래동화……. 똑같은 얘기지만 표현 방법과 창작 방법에 따라서 전혀 다르게 느껴졌어요.

Chris

예를 들면, '바퀴'를 1차 창작이라고 할 때 이 바퀴를 네 개 달아서 만든 '수레'는 2차 창작이고, 그 위에 모터를 달아 만든 '자동차'는 3차 창작이라고 할 수 있습니다. 즉, (C-01) (311P) 3차 창작은 모방이 아닌 개발과 창작이라고 말할 수 있습니다. 기술이 함께 발전하면서 창작이 쉬워질 수도 있다고 생각하고요. 물론 보는 시선마다 다를 수도 있지만 단순히 생각해보면, 꿈에서 보았던 어떤 형체를 실제화하는 것은 쉽지 않겠지만 실제로 있는 비슷한 것을 참고한다면 모든 것이 불가능하지 않다고 봅니다.

우진

저도 우리나라의 전래동화를 몇 개 알고 있지만 지금은 우리 어린 친구들은 금도끼 은도끼도 모르고 그냥 TV에서 볼 수 있는 K-pop을 더 좋아하는 것 같습니다. 재미있지만 교훈이 담긴 이야기를 모른다는 것이 안타까워요. 그런데 이 책을 만드시게 된 이유와 그 과정은 어떠셨나요?

#

Chatting

#20 슬럼프……나는 과연 잘하고 있을까? ▼

(B-21) 매일 매일, 어제도 오늘도 그리고 내일도…….

내일이 있다는 게 아무 의미가 없고, 매일 새벽까지 잠이 오지 않아 해가 뜰 때야 잠이 든다.

남들은 할 일이 많아서 시간이 없으니까 밤을 새우는데 나는 할 일은 많아도 아무것도 손에 잡히지 않는다. 오늘도 내일도 모든 것에 의미가 없는 것 같은 하루하루……. 나는 너무 늦어서 아무것도 할 수 없을 것 같은 생각이 든다.

눈을 감으면 눈앞이 깜깜하다.

하늘 없는 구름, 땅 없는 화단, 물 없는 강이 머릿속을 채우고 내일이 항상 성격상 하지 말라고 하는 것은 해야 하고 안 해도 되는 것을 해버리는 습관이 있는 나는 그래도 책에서 나오는 습관을 읽고 실천하기 싫었습니다. 그래서 내가 아는 전래동화 몇몇을 다른 방법으로 쓴 적이 있는데 마침 가르쳤던 학생 하나가 대학원을 졸업하면서 뭔가 기념되는 일을 하려고 그림을 그려보라고 제안했죠.

그래서 출판사를 찾지는 않고 몇 권을 엮어 친구들과 지인들에게 나눠주는 목적으로 Kickstarter 캠페인을 시작했습니다. 소셜 미디어를 통해 인쇄와 배급 예산을 만들려고 올린 프로젝트가 홍보가 부족해서 필요한 예산 확보를 못 하고 실패했는데 마감일 다음 날 마침 홍콩과 캐나다에 있는 큰 출판사에서 연락이 왔습니다. 출판사를 찾고 있었냐고……. 그렇게 출판이 되어 지금은 아마존, 반스&노블 그리고 교보문고에서 판매되고 있습니다. 그때 깨달은 것이 항상 내가 추진하는 것을 누군가는 보고 있다는 사실입니다. 열심히 해서 가능했고 그 가능성을 누가 인정해서 현실로 만들어 낸 경우지요. 그리고 대상도 받았습니다.

철저한 준비와 과정도 필요하지만 이렇게 예상 못 했던 결과도 찾아오는군요! 하지만 두려움이 없었고 열심히 했다는 것이 그런 결과로 이어졌고 이것이 저에게도 도전할 수 있다는 용기를 주네요. 있는 그대로를 가지고 타이틀만 바꾸는 것보다 있는 그대로를 발전시킨다는 게 생각보다 쉽지는 않은 것 같습니다.

면 달라질까 생각해봐도 내일이 오늘 같은 날들을 보내며 꿈인지 현실인지 모르며 길을 헤매고 있다. 그렇게 힘겹게 잠들면 기분 나쁘고 기억도 나지 않는 꿈을 꾸지만, 다시는 잠에서 깨고 싶지 않을 만큼 현실이 두렵다. 이게 슬럼프일까?

　내가 하고 싶은 건 뭘까?

　내가 가고 싶은 곳은 어딜까?

　아무것도 생각할 수가 없고 이 마음마저 얼어붙을 것같이 추운 오늘은 아침이 두렵고 무섭다.

　너무너무 오고 싶고 꿈꾸던 학교에 와서 공부하고 수많은 사람을 만나고 이것저것 해보고 배우고 그랬는데, 이런 생각이 든다.

　좋아하는 일을 한다는 게 생각했던 것보다 어려운 것이라는 걸.

　나도 그렇지만 수많은 예술 전공 대학생들이 여기 학교 졸업해서 대체 뭘 할건지, 뭘 할 수 있는지…….

　내가 좋아하는 거 한다고는 하지만 먹고는 살 수 있을까?

　아직 진실한 사랑을 잘 모르겠다고는 해도 좋아하는 무언가를 평생할 수 있을까, 길이 보이지 않는다. 나는 뛰어난 재주도 없고 흔히 사람들이 말하는 그 스펙도 별로. 돈도 없고 영어 하나도 제대로 못 하는데, 머리가 비상한 것도 아닌 것 같고, 외모도 그다지, 이런 내가 이 험한 세상에서 살아갈 수 있을까? 어디로 가야 할지를 모르는데 어떻게

우진

그리고 모방도 창조라는 말을 이해하기는 쉽지 않네요.

'실패는 성공의 어머니'와 같이 '모방은 창조의 어머니'라고 모든 콘텐츠는 우리가 보고 만질 수 있는 선에서 개발되고 발전되었다고 봅니다. 피카소도 '좋은 예술가는 모방하고 뛰어난 예술가는 훔친다'라는 명언도 남겼는데 이 말을 쉽게 이해하려면 새로운 프로젝트를 만들기 위해 참조할 만한 내용을 조사하고 발전시키는 것이 콘텐츠 개발의 첫 단계라고 봅니다.
Chris

우진

도둑질은 나쁘지만 예술은 훔쳐도 된다. 그런 말씀이신 건가요? 도둑도 여러 종류가 있잖아요. 돈과 물건을 훔치는 도둑, 마음을 훔치는 도둑…….
하지만 '예술'이란 사람의 마음을 움직이는 것은 확실하다고 생각합니다. 그런데 예술을 훔친다는 표현이 잘 이해가 되지 않아요.

예술을 훔친다는 표현은 자유를 얻는 것이라고 말하고 싶습니다. 그냥 과제처럼 읽어야 하는 보통 책보다 남의 채팅과 비밀스러운 일기를 엿보는 이 책이 더 창의적이라고 생각하지 않나요? ㅋㅋ 가끔은 남의 답을 보고 모방해도 그 답에 대한 이해가 된다면 그것도 또 하나의 배움이고 지식이 될 수 있다고 봅니다. 떳떳하게 물어보면 되지만 상황에 따라 곁눈질과 눈치로 알아채는 것도 실력입니다.
Chris

길을 찾지…….

　앞이 보이지 않고 깜깜하다.

　(A-20) 어떤 걸 한다는 게, 이룬다는 게 무의미해 보이고 나는 이 세상이 요구하는 경쟁력이 아무것도 없는 것 같다. 이미 나는 늦었을까?

　시작도 제대로 안 해봤는데 그냥 쉬고 싶다. 추운 서울을 떠나서 따뜻한 여름 나라로 가고 싶다.

　마음이 하와이에 가고 있다. 추운 겨울, 친구들도 다들 어디든 가고 싶어 한다. 여기를 뜨고 싶어 해. 요즘 사회 문제들이 너무 많이 쏟아진다. 사람들은 점점 더 한국이 싫어서 떠나려고 한다. 하지만…… 여길 떠나기만 하면 문제가 해결될까?

　휴학해야 했을까? 대학 졸업은 해야 할 텐데, 몇 개 없는 수업도. 과제도 하기 싫고 이러다가는 틀림없이 F인데 가야 하나, 해야 하나, 하는 생각들로 마음은 무겁기만 하다. 무기력한 날들이 계속 이어지고 있다. 아직 어리고 너무 젊다는데 나는 생각만 해도 그냥 너무 늦은 생각이 든다. 언제, 어떻게 하면 이 바닥에서, 이 깊은 심연에서 벗어날 수 있을까.

　춥고 어두운 나날들…….

이렇게 막말하는 내 나이가 다들 궁금들 할거에요. 하지만 나이가 많든 적든 열정과 마음 자세가 중요합니다. 실천하는 사람만이 청춘이 될 수 있습니다.

나는 그저 하고 싶은 말, 하고 싶은 거 다 하고 사는 평범한 엘에이 아저씨예요. ㅎㅎ

에……. 절대 평범하시지 않은데요. ㅎㅎ 그렇게 계속 창작을 하려면 어떤 자세와 마음가짐이 필요할까요?

우진

쉽지 않겠지만 단순하게 생각하자면 이렇게 생각할 수 있어요. 창작이란 나를 움직이게 해주는 것, 마음을 표현하는 것, 자기 생각을 여러 가지 방법으로 표현하는 것……. 어렵고도 신나는 도전이니까 즐기면 된다고 봅니다.

열정을 가지고 창작을 하고……. 그다음 가장 어려운 점이 뭐라고 생각하세요?

우진

실패의 이유도 다양하겠지만 (C-02) (055P) 두려움이 가장 큰 실패의 원인입니다. 자부심과 철저한 준비가 있다면 좋은 결과를 얻을 겁니다. 하지만 국내에서는 특히 창작하고 누구에게 인정받는다는 것은 쉽지만은 않을 겁니다. 아쉽게도 우리 사회는 청년들의 꿈과 목표 그리고 새로운 창작의 도전에 응원을 해주기보다는 외국에서 이미 인정을 받은 브랜드에만 관심을 갖는다는 겁니다.

#21 푸른 드레스보다 더 멋진 눈빛을 쏘는 여자에 대하여 ▼

(A-09) 결국 슬럼프와 우울증이 겹쳐 다음 학기 휴학을 결정하고 집에 내려와 지내고 있다.

정말, 정말 오랜만에 느끼는 포근함과 집의 아늑함⋯⋯. 너무 추운 서울의 겨울을 잠시 피해서 익숙하고 한적한 곳에서 가족들 곁에 있다는 건 정말 감사한 일이다. 매일 아침 출근하시는 아빠, 엄마, 그리고 동생. 저녁 때 모여 함께 장을 보고 밥을 먹고, 주말 아침엔 등산도 가고, 집에서 멀리 떨어져 혼자 살던 내가 그리워했던 편안하고 아늑한 나날들⋯⋯.

그런데 이렇게 아무 도전이랄 것도 없이 익숙한 환경 속에 있어도, 앞으로 내가 원하는 곳으로 나아갈 수 있는 것인지 조금은 불안한 마음을 갖게 되는 것은 사실이다.

앞으로 내가 원하는 역할과 모습으로 살아가려면 그리고 내가 원하는 것들을 얻으려면 지금보다 얼마나 더 많이 그리고 얼마나 더 오래도록 노력하고 피나는 연마를 거쳐야 할까 생각한다.

한국 나이로 스물다섯 살, 20대의 중간을 지나면서 나는 아직도 못해본 것도 많고 부족한 것도 많이 보인다. 나는 익산에서 부산으로, 부산에서 서울로 나에게 더 나은 곳을 향해 도약했지만 이제 더 큰 한 걸

매년 국내에서 제작된 훌륭한 인디영화가 많지만 유명한 국내 배우가 참여했거나 외국에서 이미 인정받고 있는 외국영화를 우선으로 받아주기 때문에 나의 창작이 알려지기는 쉽지 않습니다. 이러한 불행한 조건과 환경에서 인정받으려면 국내 시장보다 국제적인 창작을 연구·개발해 외국에서 인정받는 게 더 쉽다고 생각됩니다.

Chris

우진

'아무도 모르는 나'에서 시작해 더 많은 사람에게 인정받고 싶은 마음은 누구나 있을 거예요. 이 문제에 대해서는 어떻게 생각하시나요?

일단 창작을 시작해서 제작에 들어가기 전에 많은 리서치와 구체적인 계획Business Plan이 필요해요. 그리고 지인들과 전문가들과 공유하고 그들의 의견과 관심을 얻어내야 합니다. 물론 내 아이디어를 모방하고 먼저 개발하는 그런 문제도 생길 수도 있지만 내 경험상 뭐든지 혼자 할 수는 없어요. 그래서 자료를 공유하고 의견들을 참고하고 진행과정과 마무리 작업까지도 철저한 점검이 필요한 겁니다. 자연스러운 참여를 통해 다른 사람들로부터 내 것을 지킬 수도 있습니다.

대부분 한국 사람들은 아이디어를 공유하고 의견을 받으면 내 것이 아니라고 생각들 해요. 하지만 내 아이디어로 시작해서 의견을 받는 것뿐이고 끝까지 내가 책임져야 한다는 이유로 남의 것이 절대 아니라는 점에 자신감을 가져야 합니다.

Chris

➕ ☺ #

음을 내딛기 위해서 조금 더 부지런해져야겠다는 생각을 했다.

　무기력하고 우울하고 깊은 늪에 빠져있었던 지난 몇 달 동안의 생각들을 정리하며 동굴 속에 숨어있던 나를 빛으로 이끈 생각은 문득 틀었던 TV 속 푸른 드레스에서 시작되었다.

　그 드레스를 입은 바이올리니스트 클라라 주미 강이 내가 좋아하는 예술의전당 콘서트홀에서 그 눈부심과 재능 그리고 노력이 더해진 연주를 하는 모습을 보았을 때 나는 내가 너무 부끄러워졌다.

　이렇게 재능있는 천재들도 알 수 없이 아득할 정도로 많은 시간을 노력하고 연습하는데, 나는 뭐가 잘나서 그리고 뭐를 믿고 게으르게 노력하면서 다 얻고자 하는지 욕심을 부리는지 비합리적인 나를 되돌아보게 되었기 때문이다.

　(D-01) 그리고 지난 학기에 졸업 요건인 실습 보고서를 쓰기 시작했는데, 결국엔 제대로 하지 못했다. 지도교수님은 그런 나를 재촉하지 않으셨고, 고민 끝에 찾아간 면담에서 해주신 말씀이 나를 더욱 북돋았다.

　"우진아, 너를 많이 사랑해줘. 이미 많이 했는 걸, 지쳤으니 좀 쉬어가자"라고 하셨던 말씀이 기억난다. 수업뿐만 아니라 내가 앞으로 해나가고 싶은 일들에 많은 영감이 되어주고 조언을 해주시는 멘토이자 롤모델이 되어주시는 많은 선생님들이 계셔서 너무 감사한 마음이다.

그리고 공유를 하면서 남들의 냉정한 판단과 비판에 두려움이 없어야 합니다. Constructive Criticism 누구든 관심이 없으면 의견도 없어요. 하지만 이런 판단과 비판을 긍정적으로 받아주지 못한다면 창작은 반드시 실패할 겁니다.

Chris

우진

쉬운 일이 아니네요. 제가 그동안 살아온 환경이나 문화 그리고 사회에서 이런 절차를 거쳐야 한다는 것은 쉽지가 않을 것 같아요. 다들 해야 하는 일, 주어진 일에 바쁘다 보니까 의견이나 참여에 익숙하지 않은 사회가 되지 않았나……. 그런 생각도 드네요.

그런 사회가 잘못이든 아니든 각 나라의 문화라고도 할 수 있겠지만 절대 좋은 방법은 아니지요. 우리가 한국에서 상영되는 TV 방송만을 봐도 유명한 MC가 잘한다고 채널을 틀 때마다 다른 프로그램에 나오고 10개 이상 동시에 참여한다니 아무리 내용이 다르다고 해도 프로그램에 대한 개성이나 목적이 없다고 봅니다. 자신들이 없어서 항상 뜨고 있는 한 사람을 고집합니다. 그래서 이 일을 하고자 하는, 능력 있는 다른 사람들에게는 별다른 기회가 오지 않는다는 것이죠. 반면 외국이나 미국에서는 특히 영화에 출연하든 방송을 하든 제작 기간이 끝나고 홍보하고 배급이 되기 전에는 절대 다른 프로젝트의 참여를 하지 못하는 계약까지 합니다. 본인들이 참여하는 프로젝트에 대한 집중력과 배려 그리고 성공을 할 수 있는 한 길에 목표를 두고 함께 가자는 의미입니다.

Chris

    그러고서 슬럼프나 우울증에 대한 강연이나 책도 많이 봤는데, 이건 내가 어떻게 전적으로 막을 수도 없고 내가 무엇을 얻기 위해서 노력할 때에 어떻게든 찾아올 수 있는 것인데 미리 조금씩 대비하고 극복할 수 있는 방법을 터득하게 된다는 말이 기억에 남았다. 나의 능력치를 모르고 무리해서 계획을 짰던 실수, 슬럼프나 무기력에 어떻게 대처할지 몰라 무너졌던 실수들, 그 실수에서 나는 그런 것들을 깨닫게 되었다.

    어떻게든 나는 지금의 나를 넘어서야 한다.

잘 나가는 MC 몰아주기와 수많은 걸그룹 탄생은 절대적으로 성공을 모방하는 창작이 아니라 생각합니다. 좋은 음악을 제공한다기보단 선정적인 춤과 노출 콘셉트를 앞세운 걸그룹들의 성공률은 거의 없다고 보고 또 이들의 장래도 보장이 없습니다. 노래가 좋아서 춤이 좋아서 시작은 했지만 화려한 시선을 위해 경쟁하고 소속사에 묶여서 좋은 청년기 추억을 만들지 못하는 비극도 따르고 있습니다. 물론 음악의 장르가 다르겠지만 그래도 자극적이고 선정적인 춤과 복면에 가려져 있는 얼굴들 보다는 좋은 메세지와 추억, 그리고 마음을 전달하고 개성 있는 가수들이 훌륭한 음악인이라고 생각하고 창작이라 생각합니다.

산토끼 춤을 추던 옛날과 달리 걸그룹의 섹시 춤을 추는 요즘 우리 어린아이들이 과연 귀여울까요?

무슨 말씀이신지 저도 알고 있습니다. 그런 점들 때문에 제 또래 청년들이 10대에게 인기 있는 아이돌 위주의 음악방송 등은 멀리하고 예전 음악들을 찾아 듣는 경향도 있는 것 같아요. 그리고 정치나 사회적인 이슈에 관해서 관심을 가지는 경우도 있기는 하지만 더 흥미롭게 지켜보는 것은 자신의 관심사나 오락 위주의 게임, 먹방 등의 영상들 혹은 자기 자신의 취업, 성공에 대한 영상이라고 생각이 듭니다.

#22 The Last Tear에 참여하게 되다!

2015년 05월 06일

　오늘은 마음마저 따뜻해지는 봄 날씨, 지난 23년간 진행되는 '끝나지 않는 외침' 수요집회를 세 번째 다녀왔다.

　주한일본대사관 맞은편 도보 한복판에 있는 소녀상 옆은 어린이날이 하루 전이어서인지 집회에 참여한 수많은 사람과 '위안부' 피해 할머니들이 나와계셨다. 그뿐만 아니라 몸집만 한 카메라를 들고 이리저리 찰칵찰칵 찍어대는 언론사 기자들이 할머니와 우리 앞에 폴리스라인을 친 것처럼 진을 쳤고, 그 옆에는 경찰 버스들과 더 많은 경찰이 우리를 에워싸고 있었다.

　"사과해라!", "일본군 피해 역사를 일본은 반성하라!", "할머니께 보상하라!"

　이게 다 무슨 말인지, 어떻게 할 수 있는지도 잘 모르겠지만 매주 수요일마다 그랬듯이 주한 일본대사관 앞에서 일본 정부에는 '위안부' 문제에 대한 진상규명과 사죄, 역사왜곡중지, 법적 배상 등을 요구하고, 한국 정부에는 피해자 할머니들이 원하는 문제 해결을 위해 끝없는 외침 속에 한 자리를 지키고 있었다.

　"내가 여기 왜 있지?"

우진

저를 비롯해서 요즘 우리 청년들은 온라인으로 영화도 보고 유튜브에서 이것저것 동영상들을 자주 찾아보는 편입니다. 처음에는 좀 이상했지만, 이제는 꼭 사람을 직접 만나지 않아도 먹방이나 쿡방을 볼 때같이 편하게 누워서도 누구와 공감하고 소통하는 것도 괜찮다고 생각합니다.

Chris

전세계적으로 이러한 1인 미디어가 국경을 넘고 있습니다.

전에도 말했지만 나는 인터넷, 소셜 미디어 1세대인데 더 많은 것이 온라인에 올라오고 우리는 그 정보를 쉽게 접하고 급속도로 내 지식으로 만드는 그런 세상이 왔어요. 전화만 하면 모든 것이 배달되고 집에서 나가지 않아도 온 세상과 소통하고 자기 만족하는 세상이 온 것이지요.

모든 것에는 장단점이 있겠지만 위에 말한 것처럼 AfreecaTV나 YouTube 등에서 활동하는 우리 평범한 친구들이 진행하는 프로그램을 보면 이득만을 위한 것이 아니라 방송하면서 팬들과 소통하고 하루하루 연구하고 개발하고 있는 점이 훌륭하다고 생각합니다. 현재 억대 수익을 내는 BJ들도 있고 또 유명연예인보다 더 팬들이 많은 경우도 있을 정도로 10대들과 청년들 사이에 큰 관심을 얻고 있지요. 인터넷을 사용한 오래된 기술이기는 하지만 하루하루 주제가 바뀌고 팬을 유지하는 콘텐츠 개발은 높이 평가받을 수 있는 열정이며 이미 성공하고 있는 1인 창조 기업이라고 볼 수 있습니다.

➕   😊 #

마음이 조금 찝찝했고, 집회가 진행될수록 왠지 모르게 정말 화가 났다. 누구의 문제인지 아직도 잘은 모르지만 피해자 할머니들에게 너무 죄송하다는 생각과 많은 것들이 복잡한 내 머릿속을 떠나지 않는다.

나는 요즘 《The Last Tear》이라는, 일본군 '위안부' 피해 할머니들의 인생을 다룬 영화 제작에 참여하고 있다.

사실 맨 처음에 크리스토퍼 대표님께서 이 영화에 함께하자고 미국에서 전화하셨을 때 나는 친구 집에서 과자 먹으면서 놀고 있었다. 그런데 같이 놀던 친구들로부터 빠져나와 조용한 방에 들어가 전화를 하고 나서 정의감과 동시에 느껴지는 두려움에 망설이게 되었다. 나는 이런 '논란이 있는' 혹은 '어두운' 문제에 대해서 앞으로 나서서 목소리를 내는 성격도 아니고 무섭기도 하고⋯⋯. 그래서 섣불리 참여하겠다고 말씀을 드리지 못하고 며칠간 생각에 빠졌던 것이 기억난다. '위안부' 피해 할머니들을 조명하는 내용이라는 것이 나를 고민하고 망설이게 했다.

그리고 나는 지금 충분히 행복한데 왜 이런 어두운 문제에 대해서 헤집고 들어가야 하는지, 피해 할머니들과 관련단체들이 일본에 사과하라고 아무리 해도 이게 해결될까? 하는 생각이 들었다. 예전에 역사책에서 배우면서 마음이 아프고 어떻게 사람이 사람에게 그렇게 할 수 있나 분노하기는 했지만, 내가 스스로 이 문제를 해결하거나 내 목소리를 낸 적이 없었기 때문에 선뜻 참여하겠다고 말하기가 두려웠다. 그리고 의심이 들었다.

우진

네……. 저도 그 점 공감해요. 밤에 하는 인기 방송도 많아서 밤에 일하고 낮에 자는 경우도 많다고 하지만 그래도 자신의 관심 분야로 방송을 만들고 사람들과 소통하려는 노력이 대단하고 또 쉬운 일이 아니라는 것도 느껴집니다.

쉬운 일이란 없어요. 절대적으로 노력만이 답입니다. 노력해서 결과를 만들고 경험이 많아질수록 자신감이 생기고 그 이유가 창작의 기초가 된다고 말하고 싶습니다.

Chris

내가 여기서 할 수 있는 일이 뭐가 있을까?

    나도 여자고, 나라가 그 모양일 때 나 같은 젊은 시절을 보낸 그분들도 우리 할머니이신데. 아픈 역사를 재조명하고 기록한다는데, 이게 우리에게 무슨 의미가 있을까?

    내가 알고 싶은 게 뭐고 대체 내가 그런 능력과 가치가 있을까?

    그럼 나는 누굴까? 어떻게 살아가야 할까?

    그렇게 며칠 째 고민하다가 들었던 생각은 '그래도, 도전하고 함께 참여해보자!'라는 것이었다. 이 세상엔 내가 알지도 못하고 해보지도 않고서 좋은지 나쁜지 괜찮은지 섣불리 판단할 수는 없다. 그리고 나쁜 일도 아닌데 뭘 고민하고 몸 사릴까, 하는 생각이 들면서 '*도전*'이 아니라 '*기회*'에 대해서 소극적이었던 나의 모습을 반성하게 되었다. 이렇게 나는 같은 대학생이면서 전공도 다르고 문화와 국적도 다른 대학생들 14명과 함께 이 영화의 제작에 참여하게 되었다.

    며칠 전 예술의전당 콘서트홀에서 부산시립교향악단과 소프라노 황수미 씨의 공연을 보던 때가 생각이 났다.

    그중에 오페라 《라 보엠》에서 나오는 유명한 아리아인 「내 이름은 미미」, 이 노래의 첫 소절을 듣고 눈물이 차오르기 시작했다. 이 노래를 듣는 동안 나는 노래를 듣는 그 순간들을 응축해 눈물을 만드는 느낌으로 눈물이 하염없이 퐁퐁 솟아올라서 옆 사람들이 볼까 봐 창피하기

커피타임 잠깐의 내 생각

내가 지금 보고 있는 1인 미디어 (YouTube 채널 및 크리에이터, 인스타그램 페이스북 등 SNS)

1. 이름?

2. 왜 자꾸 보게 되나?

3. 제안하고 싶은 내용들

도 했지만 시간이 갈수록 이렇게 나를 울리는 순간들이 더 많이 온다는 것에 놀랍기도 했다.

왜냐면 요새 들어 수요집회도 그렇고 이 프로젝트에 참여하면서 슬픈 역사의 한순간들을 다시 배우면서 이런 '미미' 같은 순수함과 순진함을 가진 삶들이 어떻게 무너질 수 있는지를 많이 보고 있기 때문일지도 모른다. 오페라는 서사를 따지고 보면 황당하고 어이없거나 굉장히 극단적인 전개와 캐릭터가 많아 그저 아무 생각 없이 보는 게 나에게는 집중하기에 가장 좋은 방법이다.

그리고 그중 가장 비이성적으로 느껴지는, '사랑'이라든지 '순수' 등의 감정을 온몸으로 노래하는 것을 볼 때 가슴으로 느낀다는 것이 얼마나 반짝거리는 순간들을 수반하는지 느끼게 된다. 그리고 이 글을 쓰면서 같은 노래를 반복하며 눈물이 계속 흐른다. 서로 다른 감정들을 교환할 수 있다면, 얼마나 많은 눈물이 모여야 웃음 한 번과 바꿀 수 있을까? 나는 웃음이 많은 편인데 그보다 더 많은 눈물이 모여 나를 이루는 것만 같다. 이 영화를 만드는데 참여하면서 내가 얼마나 많은 사람 속에 세상 속에 연결되어있는지 느끼는 요즘이다.

그리고 오늘 이 영화에 같이 참여하는 다국적의 친구들과 함께 수요집회에 다녀오면서 든 생각은, 역사 속에서 상처를 받은 사람들에게 지금의 현실은 너무나 가혹하다는 것이다. 몸도 마음도 성치 않은 노년의 여인들이 만약에 나라면 잊고 덮고 살아도 그 시간의 흔적들 때문에 아플 것을, 더운 햇볕이 내리쬐는 가운데 마이크를 잡고 하나씩 이야기 내가 지금 가장 두려워 하는것들?

나를 지금 가장 행복하게 하는 것들?

를 해야할까……. 그런 모습에 나도 모르게 마음이 너무 아프면서 화가 났다.

나는 과연 이런 상상도 못 할 용기를 내며 내 이야기를 하나씩 외칠 수 있을까? 나도 모르게 마음이 더 복잡해졌다.

내가 지금 참여하고 있는 이 영화처럼 우리가 대신 목소리를 내며 할머니들을 좀 마음 편히 쉬게 해드려야 하지 않을까? 나는 왜 이 영화를 만드는데 참여하면서 평소에는 관심도 가지지 않았던 이런 문제에 대해서, 어떻게 보면 나랑 상관없는 일이라고 생각했던 일에 대해서 마음이 아픈 것일까?

TV와 신문에서 자주 보던 이용수 할머니와 길원옥 할머니의 이야기를 가까이서 듣고 보고 따뜻한 손을 만지며, 내가 여태껏 만나왔던 여느 할머니들과 다를 바가 없이 미소가 따뜻했지만 내 마음이 더 혼란스러워졌고 여러 가지 생각들이 머릿 속을 떠나지 않는 하루였다.

'자율주행' 차를 하나 구입했다.

차가 서울에서 부산까지 이동하고 있을 때 차 안에서 하고 싶은 것들?

나는 누구일까?

1. 내가 가장 좋아하는 동물은?

2. 내가 가장 좋아하는 자동차 종류는?

(예: 세단, SUV, 트럭, 스포츠카, 리무진, 버스 등)

동물: 내 자신을 바라보는 내 모습,   자동차: 남에게 비추어지고싶은 내 모습

Chatting

#23 여기는 중국! 니 하오!

2015년 06월 09일

급히 중국 비자를 받고 가족에게는 대충 말하고 『The Last Tear』 리서치 팀원들과 인천공항에 도착했다.

뜨겁고 짜증 나는 6월 날씨지만 소중한 우리 시간들과 추억을 위해 새로운 여행을 떠났다.

추억을 위해
새로운 여행을 떠났다.

정말 중국어라고는 '니 하오' '씨에씨에' 정도밖에 모르는 내가 태어나서 처음으로 중국에 오게 된 것이다.

저녁 8시에 인천국제공항을 떠나서 3시간 남짓한 비행을 마치고 상해 푸동 국제공항에 내렸을 때의 기분은 정말 잊지 못할 것 같다.

세상천지에 뜻도 모르는 한자들이 내 눈에 보였고 이리저리 높았다 내렸다, 시끄럽기도 한 중국말이 내 귀에 들렸다.

PART 5
네트워크

> 밀어서 잠금해제

'와우, 공항 진짜 크다! 역시 대륙의 스케일, 진짜 내가 중국에 왔구나……' 이런 생각을 했지만, 생각할 여유도 잠시뿐.

비행기 연착으로 밤 10시가 넘어서 도착해서 입국 심사를 마치고 나왔을 때는 거의 밤 11시.

스케줄 상 오늘만 상해에서 밤을 보내기 때문에, 사진으로만 보던 상해 야경의 랜드마크인 신천지와 동방명주를 보러 갈 건지 말 건지 빨리 결정을 내려야 했기 때문이다.

당장 내일 아침 일찍 우리 촬영 스케줄의 첫 시작인 전문가 인터뷰가 있었고, 팀원 대부분이 처음인 중국에서 늦은 밤에 길을 잃을 수도 위험해질 수도 있었다. 그래서 얼른 공항에서 전화기에 넣을 심 카드를 중국어를 하는 팀원이 사는 동안 나를 포함한 우리 독수리 오 형제 촬영팀은 머리를 맞대고 고민을 했다.

그리고 결론은,

'오늘이 아니면 안 되는데 그래도 가자!'였다.

우리가 여기에 역사의 흔적을 보고 느끼고 만지면서 두 눈으로, 마음으로, 카메라로 담으러 온 건데 그런 역사를 지나온 지금 상해의 상징을 못 보고 간다는 게 말이 안 되잖아?'라는 생각이었다.

결정을 내리고 빠른 걸음으로 공항을 나와 뛰다시피 달려서 신천지로 가는 택시를 탔다.

우진
대표님과 지금까지 이야기하면서 저의 장점과 단점 그리고 취미와 관심 등을 생각하는 기회가 되었어요. 아직도 부족한 느낌이 들지만 그래도 시작이 반이라고 조금씩 저 자신을 찾아가는 느낌이에요. 이외에 제가 준비하는 과정에서 또 필요한 게 있다면요?

준비 과정은 1인 창조 기업이 되기 위해 항상 긴장하고 지켜야 하는 순서입니다. 나의 장단점 그리고 취미와 관심 외에 또 내가 가지고 있어야 하는 중요한 것은 '멘토'와 '롤 모델(우상)', 그리고 네트워크입니다. 나에게 가장 중요한 인적 자원입니다.
Chris

우진
저도 학교에서는 친구, 후배, 교수님……. 다 멘토인 것 같은데 그 기준을 잘 모르겠어요. 그리고 롤 모델과 멘토의 차이는 뭘까요?

내가 생각하는 (D-01) (223P) '멘토'는 나를 이끌어주고 조언해주는 사람이고, '롤 모델(우상)'은 내가 닮고 싶은 사람이라고 봅니다. 내가 어떻게 발전되어서 꼭 그 사람같이 성공하겠다는 다짐과 함께 멘토는 그 목표를 위해 항상 나를 믿고 조언해주고 응원해주는 사람입니다. 물론 내 문제는 나스스로 해결하는 것이지만 어떤 어려움 속에 있을 때 그래도 누군가 옆에서 항상 응원을 해주는 버팀목이 있다면 혼자 걷는 길이라도 외롭지 않겠지요. 멘토가 없다는 것은 내 그림자가 없는 것이라고 할 수 있을 만큼 나 자신에게 중요한 사람입니다.
Chris

 ☺ #

버스를 타고 가려고 했는데 시간이 너무 늦어서 차선책으로 선택했지만, 상해 풍경을 감상하면서 드라이브를 할 수가 있겠구나 하며 신이 났었는데 이게 웬걸, 내가 택시를 타고 처음 한 생각은,

'하, 내가 여기서 죽을 수도 있겠구나……'

생명의 위협을 느낄 정도로 빛처럼 빨리 달리는 차.
옆 차와 카레이싱을 하는 것처럼 달리면서 차선 변경 쯤은 휙휙 하는 택시 안에서 나는 이런 생각을 했다.

본능적으로 안전띠를 찾아서 메고 옆자리에 탄 팀원 친구와 손을 잡고 덜덜 떨면서, 드라이브는커녕 살아서 무사히 내렸으면 바랐다. 덜덜거리는 주황색 택시 안, 빨리 달리면서도 뒷자리에 탄 우리 마음을 아는지 모르는지, 라디오에서 흘러나오는 노래를 흥얼거리며 여유까지 부리는 택시기사 아저씨가 정말 무섭기까지 했다.

하지만 처음 10분을 그렇게 떨다가 괜히 겁쟁이들처럼 떠는게 무안해졌다.
'에이 설마 죽기까지야 하겠어. 우리가 상해라는 곳까지, 이런 뜻깊은 프로젝트에 참여하는 자랑스러운 마음으로 온 건데 감사히 즐기자!' 그렇게 마음을 비우니까 상해 풍경들이 보였다.

우진

저도 제가 힘들고 고민이 있을 때 옆에서 함께 해주는 가족들과 친구들, 조언해주시고 가르침을 주시는 저희 과 교수님들, 항상 이끌어주시고 조언을 해 주시는 사모님과 대표님도 제 멘토로 생각하는데 그러면 대표님의 멘토는 누군가요?

Chris

내 멘토? 내 멘토는 여러 명 있는데 그중 나를 제일 믿고 지지해주는 베스트 프랜드인 내 와이프가 있습니다. 응원해주는 가족도 중요하지만 친구 같은 와이프가 나의 최고 멘토이지요. ㅎㅎ 그리고 나에게는 사람이 아닌 특이한 멘토도 있어요. ㅎㅎ 나중에 말해줄게요.

우진

아이⋯⋯왜요! 나중에 언제요? 지금 말해주세요!

Chris

그분들은 나하고 같은 성을 가진 이코코와 이복실⋯⋯. 영어로는 코코 리, 복실 리입니다. ㅎㅎ 비록 말을 못하는 동물이지만 사람보다 더 풍부한 감정이 있고 슬퍼도 기뻐도 항상 같은 마음과 표현으로 지치고 힘들어도 우리를 반겨주지요. 그리고 대화 없는 대화를 합니다. 어떻게 이 '분'들이 내 멘토가 아닐 수 있겠어요?

역시 뭐든지 사람 마음먹기 달렸는지, 아까는 하나도 보이지 않았던 고층 아파트가 보였고, 끝없이 펼쳐진 16차선 고속도로가 보였고, 우리가 탄 택시뿐만이 아니라 다른 차들도 다 그렇게 빨리 달리고 있는 모습이 눈에 들어왔다. 그렇게 40분쯤 달리니까 유럽식으로 지어진 멋진 건물들이 보이기 시작했고, 노란 가로등 사이로 100년은 족히 넘은 것 같은 나무들을 지나 저 멀리 사진에서만 보던 동방명주가 보였다.

무사히 도착한 것이다.

택시에서 내려서 숨을 고르고 상해 야경을 바라보며 이제 정말 상해에 왔구나. 느끼며 마음에 안정을 찾았다.

프랑스 조계지 시절이 있었던 상해의 신천지, 그때 지어진 건물들이 100년이 넘어 중국 속 작은 유럽이라고 불릴 정도로 너무나 아름답지만, 저 빛나는 아름다움에 깔린 역사의 슬픔과 눈물들이 분명히 있었을 것이다.

우진

아……. 코코 복실이 보고 싶어요……. 멍멍 짖고 제 다리를 핥을 때도 있고 뜯을 때도 있었는데……. 영광의 상처…… 확실한 도장을 찍었죠. 저도 코코의 모습을 보면 가끔은 사람보다 낫지 않을까 생각하고 든든한 점이 많았습니다. ㅠㅠ

그 멘토가 존재하든 아니든, 사람이든 동물이든 그리고 누구든지 멘토는 시간이 지나고 내가 성장하면서 바뀔 수도 있어요. 그만큼 많은 사람이 내 주변을 거쳐 가죠. 나의 성과물에 연관되어 인맥이 만들어지기에 경력을 쌓아감에 따라 내 롤 모델이 바뀔 수 있습니다. 그만큼 성장하고 있는 것이죠. 멘토가 슈퍼맨처럼 현실적이지 않아도 심리적인 부분에서 그 인물의 존재와 역사가 나에게 많은 조언이 되기에 성공 준비 과정에서 중요한 역할을 합니다.

Chris

우진

저도 혼자 있을 때 그 외로움을 느끼는 그 순간은 괴롭다고 생각하지만 저의 깊은 내면의 모습을 생각하는 계기를 만들어주기 때문에 가끔은 긍정적인 자신감도 생겼어요. 그래서 저 자신이 멘토가 될 수 있을까 하는 생각도 하고 있습니다. 과연 그럴까요?

경제 대국으로 무섭게 성장하는 중국의 경제특구 상해, 그중에서도 가장 화려한 곳 중 하나인 신천지지만, 저 골목에는 우리 역사 속 상해 대한민국 임시정부 청사도, 중국 근현대사 속 핍박받는 역사의 흔적들도, 그리고 '위안부' 피해를 받았던 그때 그 장소들도 어딘가에 숨겨져 있다.

이런 여러 가지 생각이 들기는 했지만 시간이 늦어 불빛이 꺼지기 전에 얼른 기념사진을 함께 찍고 다시 숙소에 들어왔다.

정말 꿈같이 느껴지는 상해의 첫날 밤, 너무 피곤하지만 침대에 누워도 기대감에 마음이 들뜨며 좀처럼 잠이 오지 않는다.

이제 시작된 중국에서의 3박 4일, 어떻게 펼쳐질까?

2015년 06월 11일

상해에서 처음 맞이하는 아침은 출근하는 차들과 함께 질주하는 바퀴벌레 같은 자전거 무리를 보는 것에서 시작되었다. 차가 먼저인지 자전거가 먼저인지 모를 정도로 쏟아지는 자전거와 차들 그리고 그사이를 요리조리 지나는 사람들 사이로 택시를 잡고 오전 8시로 약속한 인터뷰를 하러 쑤 교수님Shu Zhi Liang이 계시는 상해 사범대학으로 향했다.

비가 조금씩 내리는 선선한 날씨, 학기가 끝날 무렵이라 사람이 별로

종교에서도 신이 내 멘토가 될 수가 있는데 나 자
신이 내 멘토가 왜 안 되겠어요. 나도 나 자신을 믿
고 내 역할과 결과에 대해 책임을 지고 과정을 거
쳐야 하기에 나 자신이 내 멘토가 반드시 되어야
한다고 생각해요. 외롭고 힘든 과정을 거치면서 나
자신이 흔들릴 때 내 멘토가 심리적으로 큰 기둥
이 되고 뒷받침이 됩니다. 그래서 누구나 항상 내
멘토에 대한 믿음이 있어야 합니다.

롤 모델이란 닮고 싶은 사람이기에 꼭 실제적인 사
람이 아니어도 된다고 하지만 그러면 제 네트워크
는 어떤 도움이 될까요?

다시 한 번 말하지만 나의 장점과 단점 그리고 취
미와 관심은 내가 평생 하면서 즐길 수 있는 진로
를 정해주고, 롤 모델은 내가 정착하고 싶은 위치
를 정해주고, 멘토는 든든한 하나의 파트너로서 항
상 응원해줘요. 그리고 네크워크란 그동안의 과정
을 거치면서 소통하는 중요한 내 '자산'이라고 봅
니다.

성공에 필요한 내 자산이 돈과 명예가 아니라 네트
워크라는 말씀이신데 저도 그렇지만 많은 학생이
본인의 현재 위치와 방향에 대해 많이 고민하고 있
어요. 하고 싶은 게 많은 게 장점인지 단점인지도
고민이고 또 사회생활을 많이 경험해보지 못해 아
는 사람도 많지 않은데 어떻게 시작하면 될지 고민
이에요.

☺ #

없어서 한적한 상해사범대학의 첫인상은 여느 다른 한국 대학들과는 별로 다르지 않았다. 연구실에 도착해 간단한 인사를 마치고 시작된 인터뷰……

쑤 교수님은 내가 지금 참여하고 있는 영화의 소재가 되는 일본군 '위안부' 피해 역사에 대한 전문가 중 한 분이며 중국에도 전문가 인터뷰 촬영과 실제 위안소로 쓰였던 현장들을 담으러 오게 되었다. 예정보다 조금 늦게 인터뷰가 시작되었고, 쑤 교수님 옆에 나란히 앉아 인터뷰이가 되었던 팀원을 제외하고는 나를 포함한 모든 팀원이 그 순간에 함께하며 사진과 영상으로 기록했다.

맨 처음에 영어와 중국어로 인사를 할 때 빼고는 100% 중국어로 진행되어서 인터뷰하던 그 순간에는 몇 가지의 단어 빼고는 바로바로 알아듣지는 못했지만, 인터뷰이었던 팀원이 한국어로 통역을 바로 해줘서 내용을 곧바로 알 수 있었다. 이럴 때 단어 하나라도 더 배워올 걸, 하

커피타임 잠깐의 내 생각

나의 롤 모델과 그 이유?

나의 멘토와 그 이유?

는 생각에 지금은 한국이 아니라 또 어느 지구 안에 다른 세상에 있다는 것을 느꼈다.

쑤 교수님은 1992년도에 처음으로 김학순 할머니께서 자신이 '위안부'였다는 사실을 알리고 이 문제가 처음으로 대두했을 때 중국에도, 그중에서도 상해에 위안소가 있을 수 있다는 생각이 들어 연구를 시작하게 되었다고 하셨다. 처음에는 4, 5개의 위안소를 발견했지만 20여 년의 연구 결과 현재 166개의 위안소를 발견할 수 있었고, 이 숫자는 아시아 전역에서 가장 규모가 큰 수준이라는 말씀을 하셨다.

우리 역사가 있는 곳인데 왜 나는 몰랐을까?

우리는 알고 있었을까?

우리가 여기 왔는데 할머니들은 보고 계실까?

나도 여자인데, 한국사람인데, 잠시나마 할머니의 흔적을, 역사의 흔적을 이곳에서 느끼고 있었다.

모든 것이 연결되어있다는 이상한 느낌, 온몸에 소름이 돋는 그런 날⋯⋯.

나는 이런 피해가 한국에만 있었을 거라고 생각을 막연히 했었는데 중국도 그렇고 아시아 전역에 있었다는 이야기를 들으면서 정말 많고 놀라운 숫자라고 생각했다. 중국도 한국과 마찬가지로 일제의 지배를 받거나 피해를 받은 역사가 있기 때문에 이 점에 대해서 알고 있고 반일감정이 있는 대표적인 국가들 중 하나이다.

일단 자기 주변을 보세요. 우진이의 주변에 친한 친구들 두세 명을 떠올려봐요. 예쁘고 귀엽고 똑똑하고 잘생기고 능력 있고 웃기고 다 그럴까요? 못생기고 키도 작고 능력도 없고 뚱뚱하고 웃기지도 않고 이렇게 다양한 친구들이 있는데 그 중 우진이는 어디에 포함된다고 생각하나요? Chris

 우진
당연히 저의 친한 두세 명은 물론 예쁘고 착하고 똑똑하지만 웃기지는 않아요……

아……. 내가 우진이는 그렇게 많이 알지는 못하지만 일단 그렇다고 믿겠어요. 친구들이 내 얼굴이라는 사실을 많이들 몰라요. 친구들을 비난하는 사람들도 있고 친구들을 존경하는 사람들이 있어요. 비난하는 친구가 더 많은지 존경하는 친구가 더 많은지 누구든 한 번쯤 주변을 살펴보면 현재 본인 위치를 대충 알 수 있을 겁니다. Chris
나와 소통 가능하고 공통점도 많아 함께하는 시간도 많고 대화하면서 서로 들어주고 말해줄 수 있는 그런 친구들이 바로 내 현실이고 내 위치에요. 물론 나보다 어떤 부분이 부족할 수도 있고 나보다 지식이나 외모 그리고 금전적으로 더 상황이 좋을 수도 있으나 내가 가진 무언가도 그 가치가 있어 서로 의지하고 서로 필요로 하기 때문에 그들이 내 주변에 있는 것이고 그 또한 나 자신이기도 합니다.

☺ #

그리고 중국 내에서도 한국과 비슷하게 일본에 대해서 이 피해에 대해 배상 보다는 자신들의 잘못을 인정하고 사죄를 원하는 여론이 형성되어있지만, 한국만큼 관심이 높지는 않다며, 여기 있는 상해사범대의 리서치 센터가 가장 큰 단체라는 말씀을 하셨다. 이곳에서 지금 중국 내에 생존해계시는 약 20분 정도의 '위안부' 피해 할머니들께 일 년에 5,000위안(약 100만 원)을 지원하고 있지만 정부에서는 별다른 지원이 없는 상황이 안타깝다고 하셨다.

경제적, 신체적인 부분도 그렇지만 무엇보다 할머니들이 '위안부' 피해 경험으로 인해 자식을 낳지 못하고 그 트라우마 속에서 살고 계셔서 정신적, 심리적인 상황이 매우 좋지 않다는 말씀을 들으며 나도 마음이 너무 아팠다. 그리고 우리에게 이런 역사를 연구하고 기록하러 중국에 오고 한다는 것이 대견하다고 하시며 역사는 언젠가 모두 과거가 되겠지만 우리가 할 일은 열심히 기록하고 이런 역사를 알리는 일이라고 하시는 말씀에 공감했다.

그렇게 교수님 인터뷰를 마치고 가보았던, 같은 건물 지하에 있는 '위안부' 피해 역사박물관 및 리서치 센터에는 생각보다 많은 자료가 있었지만 지하이다 보니 습도가 높고 낙후되어있어서 보존 상태는 열악했다. 하지만 이곳에는 우리 탐방을 도와주는 가이드 역할을 해주고 있는 쑤 교수님의 제자인 첸 빈 그리고 첸 빈의 친구들이 몇몇 있었다. 자료에 대한 설명도 해주고 우리 팀이 물어보는 질문에 대답하며, 이 역사를 공부하고 있다는 점에서 일종의 동질감을 느낄 수 있었다.

그리고 위에 말한 내 멘토와 롤 모델은 내 미래입니다. 그런데 아쉽지만 요즘 대한민국의 학생들과 청년들은 본인들 부모님을 자신의 멘토로 생각하지 않아요. 우진이는 부모님을 존경하나요?

 당연히 저한테 많은 기회를 주시고 믿어주신 제 부모님이니 존경하지요. 하지만 저의 경우에도 그렇고 제 또래 많은 친구가 요즘 롤 모델과 멘토라는 단어로 우리 부모님을 표현하는 경우는 많지는 않다고 봅니다.

그러게요. 예전에 아버지 이야기를 담은 《Fading Away》를 대학 투어하면서 학생들한테 보여주는데 어떤 한인 여학생이 왜 아버지 이야기만 나오나요? 어머니 이야기는 안 나오고? 라고 했어요. 그래서 제가 관객에게 물어봤어요. '자기 아버지 같은 사람과 결혼하고 싶은 사람 손 들어봐요.' 그랬더니 아무도 손을 안 들었어요. 미쳤냐고 하면서⋯⋯. ㅋㅋ 어쩌다가 존경받지 못하는 아버지가 되었는지⋯⋯. 예전에는 우리 아빠 같은 사람, 우리 엄마같은 사람, 하면서 귀엽게 졸졸 따라다니던 친구들이 이제는 미쳤냐고 하더군요. ㅠㅠ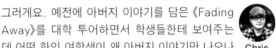
주로 학교나 대한민국 가정에서는 느끼고 생각하는 과정을 가르쳐 주기보다는 외워야 한다는 주입식 교육을 하는데, 그것이 처음부터 잘못이라고 봅니다. 사회가 많이 발전되고 또 경쟁이 심하다 보니 앞으로만 '빨리빨리' 달려야만 생존하는 문화와 현실에 우리 부모님들은 내 생각을 들어주지 않고 그러다 보면 칭찬이 줄어든다고 봅니다.

리서치 센터 방문을 마치고 실제로 상해에 남아있는, 위안소로 쓰였던 건물들에 찾아가볼 수 있었는데, 첸 빈은 이전에도 이 곳들에 여러 번 가본 적이 있었는지 길 안내와 주민들 인터뷰도 주선해줄 정도로 도움을 많이 받았다. 가볼 수 있었던 여러 곳들 중에서 가장 기억에 남는 곳은 어제 가보았던 대일살롱과 오늘 오전에 가봤던 송자Songxia였다. 역사책에서 사진과 글로 보는 것과는 다르게 실제로 가보니 절실히 그 시대를 느낄 수 있고 만져 볼 수 있어서 나의 이야기일 수 있다는 생각도 들고 쉽게 잊히지 않는 기억이 될 것 같다.

먼저 대일살롱은 상해 중심가를 조금만 벗어나면 있는 주택가에 있었는데 전쟁이 끝나고 지금은 이 건물들을 중국 정부에서 소유 및 관리하며 일종의 차상위계층인 중국 시민들에게 임대하고 있어서 굉장히 낙후되어있는 모습을 볼 수 있었다. 건물은 전체적으로 층고가 높고 건물 입구에 있는 일본의 상징인 국화나 일장기 무늬 그리고 예전에 일본식으로 꾸며졌던 정원의 흔적 또한 볼 수 있었다. 운이 좋게도 집 안으로도 들어가 볼 수 있었던 할아버지, 할머니 댁에서는 방 안에 있는 후지 산 조각으로 된 장식이라든지 건물 군데군데서 일제의 흔적을 쉽게 찾을 수 있었다.

나는 냄새나 향에 굉장히 민감한 편인데, 옛날 목조 건물에서 나는 특유의 향에 더하여 슬프고 잔인한 역사의 흔적이 더해졌다는 생각이 들어서 냄새를 맡고 있기가 힘들어서 마스크에 향기나는 스프레이를 꽃병이 넘어져 깨지면 왜 깼느냐고 혼을 내는 우리 대한민국 부모님과는 달리 다친 곳 없냐고 묻는 미국 부모님들이 다르듯이, 마음의 여유와 칭찬이 많아진다면 학생들이 더 열심히 한다는 사항을 모르는 것 같아 아쉬워요. 누구를 이겨야만 성공한다는 현실이 더 부모님들과 학생들 사이를 더 멀리 만들어내는 것 같습니다. 그래서 가정에서 부모님과 나 사이의 믿음과 대화가 사회를 이어나가는 시발점이고 네트워크를 만들어 가는 과정이라는 점을 잘 알아야 한다고 생각합니다.

Chris

우진

많은 사람이 네트워크라는 단어는 알지만 그냥 알고 지내는 사인지 아니면 줄을 잘 타는 것인지 잘 이해를 못 하는 거 같아요. 제 네트워크를 어떻게 만들고 어떻게 유지해야 하나요? 그리고 그냥 친구 사이랑 다른 점은 무엇인지 그런 것도 궁금해요.

소셜 네트워크와 비즈니스 네트워크의 차이는 가상과 현실입니다. 우리가 흔히 접속하는 페이스북, 트위터 등 소셜 네트워크는 비현실적이기도 하지만 또 잘 활용하면 비즈니스 네트워크로도 발전할 수 있고 또 반대로 비즈니스 네트워크에서 소셜 네트워크로도 오가고 할 수 있습니다. 다만 비즈니스 네트워크에서는 실수가 용납되지 않는 반면 소셜 네트워크에서는 이것이 경험이 되고 다른 기회를 줍니다. 이 현실은 또 학교와 사회에서 같은 비교를 할 수 있습니다.

Chris

뿌려 쓰고서야 사진을 찍을 수 있었다. 너무너무 마음이 아프고 안타까운 현장이었다.

내가 왜 지금 이곳에 있을까?
할머니들의 목소리가 들리는 것 같았다.
왜 이제 왔냐고…….

하지만 더 들려오는 목소리…….
난 괜찮으니깐 걱정하지 마라, 하시면서
어깨를 두드리는 그런 기분…….
아직도 어리지만 내 평생 살면서 이런 느낌은 처음이었다.
할머니, 이제야 와서 죄송해요. 저희가 더 잘할게요…….
마음이 너무 아파서 눈물이 계속 났다.

그리고 오늘 오전에 위안소로 쓰였던 건물 송자에 갔을 때에는 현재 살고 계시는 할아버지의 아버지께서 직접 이 집을 지으셨고, 일본이 침략하면서 할아버지 가족은 피난을 가게 된 이후 이 집은 위안소로 8년간 쓰이게 되었다는 이야기를 들을 수 있었다. 총 20명 정도의 일본군 '위안부'가 생활했고 모든 방 앞에는 각각 숫자가 쓰여있던 흔적이 아직까지 남아 볼 수 있었다. 원래 세 동으로 되어있었지만 현재는 두 동만 남아있는 이 건물들의 대부분의 방 창문과 천장 등은 당시 그대로 보존이 되어있었다.

음악을 하든 달리기를 하든 학교에서는 틀리고 다시 고치고 넘어지면 다시 일어나 뛰면 되지만 사회는 조금 더 냉정하기 때문에 틀리고 넘어지면 같은 기회를 얻어내기가 힘듭니다.
그리고 그 네트워크가 냉정하게 쉽게 무너지기도 해요. 그래서 우리는 학교에 다니면서 넘어지고 틀리는 과정을 수십 번 거쳐 더 연습하고 발전시키며 더 많은 기록을 남겨야 합니다. 그리고 학교에서 하는 과제나 프로젝트라고 학생들만의 네트워크로 한정 짓는 것이 아니라 사회에서 경험이 많고 또 내가 다가가고 싶은 전문가들과도 과정을 함께 거쳐 함께 만들어 간다는 야심과 목적이 있어야 합니다. 틀리고, 달리면서 넘어졌을 때 일으켜줄 사람들은 사회에서 더 많은 경험과 과정을 거쳤기 때문에 함께할 기회도 더 많이 제공합니다.

아시겠지만 저도 그렇고 주로 학생들은 실수할까 봐 자신이 없어서 교수님들 외 전문가들에게 자문이나 참여를 쉽게 요구하기 힘든 게 사실입니다. 어떤 방법이 있을까요?

물론 요구를 받았을 때 바쁘기도 하고 본인들 명예 등등 여러 가지 이유로 거절도 할 수 있겠지요. 하지만 무조건 거절당할 것이라는 두려움보다는 본인들의 뚜렷한 의지와 목표를 잘 표현하고 제안한다면 거절은 없을 겁니다.

 　 　 ☺ #

여기서 가장 잊히지 않는 이야기가 있다. 할아버지의 조카인 아줌마께서 말씀하시기를 자신들은 이 집들이 없어지지 않기를 원하고, 이곳뿐만 아니라 몇 개 남지 않은 위안소 건물을 보존하여 혼이 깃들어 있는 역사를 잊지 않고 기억해야 한다고 말씀하셨다. 나도 이 건물들은 사실 잘 보존해서 박물관이나 기념관으로 쓰여야 마땅하다는 생각이 들었지만 그렇지 못하다는 사실이 안타까웠다. 내 욕심 같아서는 건물 전체를 통째로 들고 한국에, 박물관으로 가져가고 싶었다.

하지만 나도, 우리나라도 그렇다고 마냥 잘 하고 있는 것도 아니다.

요즘에는 역사 교육이 필수화되고 고등 교육을 받은 사람이라면 누구나 역사 속 굵직한 사건들을 알게 된다는 점에서는 긍정적이지만, 그 그리고 무엇보다 사회에서도 마찬가지지만, 내가 그동안 진행해왔던 일들을 잘 기록하고 설명한다면 그분들도 학생들의 열정과 야심에 동참하면서 참여하고 또 반대로 많이 배울 겁니다. 그리고 중요한 것은 이 기회를 통해 자연스럽게 비즈니스 네트워크으로 관계를 발전시킨다는 점이지요.

부모님이 무조건 반대한다고 무시하지 말고 무서워하지 말고 나의 파트너이자 내 멘토로 생각하면서 차근차근 내가 준비한 목표와 자료를 설득력 있게 전한다면 그분들도 좋은 네트워크이면서 멘토가 될 겁니다. 성공한 사람들의 공통점을 보면 내가 좋아하는 내가 사랑하는 부모님들의 적극적인 응원과 믿음이 있었습니다.

지금도 이 책을 준비하면서 이것저것 기억을 하고 만들어내야 하는 과정이 쉽지는 않네요. 그리고 또 이 책이 만들어져도 누가 관심을 가져줄까? 하는 의심과 두려움도 있고요.

내가 한국과 미국을 비교하자는 것은 아니지만 항상 말하듯이 대한민국 학생들이나 청년들은 실수에 두려움이 많아요. 실수가 경험이고 실수가 지식이 된다는 점을 잘 모르고 또 비판이란 단어에 공포심을 가지고 있어요. 우리가 노력해서 우리 스스로 각자 자기 자신을 점검하는 목적으로 만들어내는 이 책을 누가 뭐라고 할까요?

방식과 의미에 대해 굉장히 회의적이고 비판적인 목소리가 높아지고 있는 것은 사실이다. 그리고 역사 속 치욕적인 순간의 상징물들이라도 그 건물들을 보존하고 살려 잊지 않으며 역사 교육의 현장으로 삼을 수 있는데 너무 아쉽게도 지금은 사진으로밖에 볼 수 없는 것들이 많다. 그래서 무조건 잊고 없애는 것도 좋지 않다는 생각이 들었다.

그 수많은 시간을 거쳐서 그 바탕 속에 우리가 살아가고 있기 때문이고 아직도 영향을 받고 있기 때문이다.

또한 동북아시아 3국인 한, 중, 일이 역사 속에서 매우 많은 이해관계로 얽혀있고 거기에 감정이 더해지는 것은 사실인데, 지리적으로도 가깝고 산업이나 혹은 미시적인 관계에서 봤을 때 친해질 수 있는 요소가 엄청나게 많은데 같이 공론화하지를 못하고 대화할 수 없다는 것이 굉장히 안타깝다고 생각했다.

앞에 나와서 얼굴을 마주하며 서로의 입장과 시각을 이야기하고 오해가 있다면 풀고 하는 것이 앞으로의 발전과 관계 도모에 훨씬 도움이 되지 않을까 그런 생각이 드는 요즘이다.

(B-13) 그리고 중국에 대한 생각도 많이 달라지고 있다. 여기 오기 전에는 중국에 대해서 잘 알지 못하고 앞으로 계속 떠오를 것이 분명한 국가라는 점, 엄청 다양한 민족들로 이루어져 있다는 점, 면적이 엄청 넓다는 정도에 그쳤던 내 생각이 중국에 와서 직접 상해와 난징을 보면

우진

네 맞아요. 하지만 두려움은 쉽게 사라지지는 않는걸요……. 어떻게 극복하면 좋을까요?

우진이 페이스북에는 친구가 지금 몇 명이 있나요?

Chris

지금 568명이에요!

우진

그러면 과연 그 친구 중 몇 명이나 직접 만난 적이 있을까요? 물론 가상 공간에서 공감하는 내용으로 맺어진 인연이 되었지만 관심 분야를 공유한다는 목적을 제대로 활용하지 못하는 것 같아요. 예를 들어 5천 명의 친구가 있는 한 사람이 내가 올린 글과 사진을 어떻게 생각하냐고 물어봤을 때 '좋아요'는 그렇다 치고 과연 몇 명이 댓글을 달까요? 그리고 댓글을 달지 않는다면 어떤 이유가 있을까요?

Chris

흠……. 댓글을 다는 친구는 관심이 있는 친구일 거예요.

우진

그러면 안 다는 친구는?

Chris

서 엄청나게 확장되는 것을 느끼고 있다. 중국어를 못해서 아무 의사소통도 못 할 것이라는 두려움이 중국을 배우고 싶고, 중국 문화와 언어를 배우고 싶고, 중국 친구들을 더 사귀고 싶다는 아쉬움과 희망으로 바뀌게 되었다. 그래서 여기 있는 내내 중국어를 잘하는 팀원들에게 많이 물어보고 스타벅스 가서 중국어로 혼자 주문을 해보기도 했다. 다음 학기에는 중국어 수업을 들어야지! 하고 다짐하기도 했다.

이렇게 우리 한국뿐만이 아니라 이렇게 고통받았던 역사를 공통적으로 갖고 있는 현장에서 아직도 이어지고 있는 역사를 체험하는, 미묘한 산교육의 현장 속에 있다. 매일 매일 내 마음을 뒤흔드는, 가슴 뛰는 현장에서 나는 살아가고 있다.

우진
관심이 없거나……. 바쁜 거겠죠?

Chris

그런데 왜 친구야? 페이스북의 친구란 개념은 뭘까요?

우진
그러게요. 그래도 한 사람이라도 제가 올린 글에 '좋아요'를 누르고 누군가가 댓글 하나라도 달면 종일 기분이 좋고……. 그런 점을 서로 나누는 게 좋은 사이일까요?

Chris
페이스북에 예전에는 함께 울고 웃고 듣고 공유하는 그런 공간에서 친한 친구든 가상의 친구든 숫자가 올라가면서 더 많은 관심을 올리다 보니 시간적인 부담이 되고 초점이 흐려져서 점점 안 하게 되기도 하는 것 같아요.

우진
그러게요. 저도 4천 명 5천 명 친구가 있는 사람들도 많이 봤는데 요즘에는 인스타그램으로 많이 바꾸더라고요.

Chris
정말 많은 불특정다수를 상대하는 데 부담을 느낀다기보다는 사진을 바탕으로 조금 더 작은 규모의 소통을 할 수 있는 그런 공간을 더 선호하게 된 것 같아요.

#24 두 번째 온 미국은 나에게…

'천사들의 도시 로스앤젤레스에 오신 것을 환영합니다.'

비행기가 착륙하고 가장 먼저 들리는 익숙한 목소리, LA 공항에 도착해 보이는 풍경들은 여전했다. 작년 처음 여기 도착했을 때와 마찬가지로 내 눈앞에 펼쳐진 기다란 야자수, 넓은 고속도로, 많은 차, 그중에서도 한국에서 추운 겨울을 지내는 동안 많이 그리워했던 이 날씨와 풍경은 변한 것 없이 따뜻하다.

나는 요즘 오랫동안 진행되었던 《The Last Tear》영화의 촬영이 끝나고 미국에 들어와 크리스토퍼 대표님 사무실에서 후반 작업에 참여하며 지내고 있다. 가장 멀리 간 해외라고는 동남아가 전부였던 때도 있었는데, 아시아를 벗어나 장장 12시간이 걸리는 장거리 비행을 하며 지방에서 서울로, 서울에서 해외로 넘나드는, 촌년의 엄청난 업그레이드다.

그리고 사모님, 할머님 그리고 대표님네 강아지 코코와 복실이가 반겨주는 너무나도 평온한 감독님 댁에 가게 되면 인생에 있어

하지만 요즘 소셜 미디어에서 '좋아요'를 더 많이 받기 위해 더 많은 사진을 올린다는 것은 공유를 넘어 소통으로 변해야 한다고 생각합니다. 당연히 그 사진들은 친한 친구들과 공유하지만 해시태그 (#)를 이용해 공통적인 관심을 더 많은 사람에게 공유한다는 그런 자신감이 없어요. 물론 개인적인 사진들이지만 내가 좋아하는 여행지나 음식 그리고 음악을 공유하면서 네 네트워크를 확장하고자 하는 야심은 없어 현재 모두에게 제공되고 있는 소셜 미디어나 소셜 미디어의 장점을 제대로 활용하지 못하는 게 아쉽습니다.

이곳 미국사람들은 소셜 미디어 외에도 본인들의 블로그를 만들어 하루하루 경험과 느낌을 일기 쓰듯 정리하면서 이 과정을 여러 사람에게 공유하고 대화를 이어나가고 있습니다. 의견을 내면 한국사람들 대부분은 비판으로 보고 외국인들은 관심으로 보는데 보는 시점이 다른 이유는 자신감에서 비롯된다고 생각됩니다.

자기가 만든 작품을 온라인에 올리고 제가 모르는 사람들에게 평가를 받고 대화하는 게 익숙하지 않고 또 어떤 글을 올릴 때 완벽하게 하고 싶은 욕심 때문에 쉽게 시작하지 못하고 있습니다. 이 점을 어떻게 생각하세요?

＋ 　　　　　　　　　　　　　　　　😊 ＃

Chatting

집과 가족이 지니는 의미와 힘에 대해서도 많이 느낄 수 있다.

(B-14) 작년에 왔을 때와는 다르게 이번에는 조금 더 많은 학생 인턴들이 이 작업에 참여하고 많은 할 일들이 동시에 진행되고 있어서 굉장히 새로운 기분과 마음가짐이다. 우리의 능력은 아직 절대 부족하고 미약하지만 우리 영화의 목표 관객은 우리와 같은 젊은 사람들, 학생들 그리고 이런 역사에 대해서 잘 모르는 사람들이고 그들에게 널리 알리는 것이 목적이기 때문에 우리가 느끼고 배우고 기록하며 얻은 결과물들을 우리가 생각하고 보는 관점에서 해석하고, 나레이션을 쓰고, 사진을 찍고 영화와 사진집을 제작하는 데 의미가 있다.

(B-15) 매번 느꼈지만 작업에 함께 참여하는 사람들의 많은 의견을 의논하고 참고하며 발전시켜 나가는 과정이 굉장히 신기하고 재미있다. 맨 처음에 대표님께서 수많은 에피소드, 특징들, 할 일들, 보완할 점, 참고내용들을 모아 하나하나 포스트잇에 적어 벽에 붙이고 떼고 수십 번 수백 번 정렬하면서 발전시켜 나가는 모습이 마치 전쟁을 위한 작전을 짜듯이 인상적이었던 기억이 난다. 그리고 이렇게 많은 의견이 정리되면서 하나의 결과물을 향해 나아간다는 점도 많이 배울 점이라고 생각했다.

(A-04) 그렇지만 요즘 나는 작년에 내가 이곳에 있었을 때와는 달리 많은 고민을 하고 있다.

일단 내용이 길든 짧든 하나씩 올려서 누가 오든 지 오지 않든지 내가 내 작품을 기록한다는 생각 을 하면 보다 쉽지 않을까요? 물론 많은 홍보를 통 해 더 많은 사람이 나를 찾아주기를 원하기도 하지 만 일단 한 사람이 들어오면 그 사람의 네트워크를 통해 방문자 수가 많아지고 또 소통과 참여를 통해 미래 콜라보레이션 기회도 만들어집니다. 무엇보 다 내 발전하는 모습을 기록하는 과정이라 생각해 야 합니다.

소셜 미디어를 통해 나의 존재와 작품을 알리는 것 도 좋지만 또 하나의 두려움은 무관심이고 또 이것 을 실패라고 표현해야 하는지에 대한 고민이 있습 니다. 어떻게 하면 제 글과 기록을 더 많이 알릴 수 있을까요?

"You build it and they will come"이란 표현은 이제 통하지 않아요. 내가 친구가 하나가 있든 둘 이 있든, 이 친구들과 아는 지인들을 통해 시작하 고 또 그분들의 네트워크를 통하면 언젠가는 또 다 른 나와 같은 관심 분야 사람들의 연결이 이루어집 니다. 하지만 다시 또 오느냐 하는 것은 내가 얼마 나 표현하고 내 브랜드에 관심을 가질 수 있는 요 소를 만들 수 있는지에 달려 있는 것입니다. 소셜 네트워크도 또 하나의 '깡통'인 만큼 흔들고 알리 고 채워야 합니다. 소셜 미디어란 여행을 다니면서 셀피를 찍어 사진을 올려 친구들에게 보이는 그런 공간만이 아니라 나와 내 주변 그리고 같은 관심 분야를 나누고 소통하는 그런 공간입니다.

내가 맡은 업무는 다큐멘터리 영화와 영화 제작 과정을 다룬 사진집 제작, 스케줄 점검, 리서치, 예산 관리 등등인데 학교에서 수업으로 하는 것이 아니고 외국에서 대규모 프로젝트에 참여하다 보니 모든 과정이 새롭고 서툴렀다. 그래서 내 마음과 욕심대로 되지가 않아서 바보같이 엄청 많이 울기도 했다.

다국적에 다른 배경과 성격을 가지고 있는 팀원들이 한 곳에 모여서 누구는 사진집의 레이아웃 작업을 하고, 누구는 상영할 곳을 알아보고, 누구는 영상 편집을 하고, 이런 과정들이 예정대로 잘 진행되는지 살피고 갈등이 있다면 잘 중재하는 리더십과 매니지먼트 기술이 필요했다.

일에 대한 열정과 욕심은 있지만 빨리빨리 추진하는 성격도 아니고, 싸우는 것도 좋아하지 않고 속마음을 제대로 표현하지 못하는 단점이 있어서 사람들과 함께 지내며 하는 일들이 너무 서툴고 어려웠다.

아니 그것도 몰라? 왜 일을 그렇게 해?

불만이 있으면 말을 하라고, 이 바보들아!

난 하고 싶은데 너도 같이하려면 하고 말려면 말아 힘드니까…….

아 짜증 나고 힘들다…….

시작했으면 끝까지 해야지 뭐 이따위가 다 있어?

아니야 그냥 때려칠까……. 이걸 내가 왜 하고 있지?

이 말들과 생각들은 내 몸 속에 깊숙히 꼭꼭 숨어있는데 머릿속에서 입 속에서 나오지가 않는다. 전달이 되지 않는다.

우진

네. 친구의 친구도 제 네트워크일 수가 있겠네요. 하지만 저의 습관과 행동으로 모든 것을 잃을 수도 있다는 점이 많은 생각을 하게 합니다.

진정한 친구는 내가 모든 것을 다 잃고 어려움에 처해 있을 때 내 곁을 지켜준다고 하잖아요? 그렇 지만은 않습니다. 오히려 내가 잘되면 더 많은 친 Chris 구와 내 네트워크가 없어지고 사라집니다. 이 뜻은 내가 잘되면 더 도와주고 함께하겠다는 말만 앞 서 무책임한 사람들이 스스로 사라진다는 뜻입니 다. 잘 될 때 쌓아온 인맥, 냉정한 우리 사회에서는 'One-Strike, You are out!'이란 룰이 있습니다. 단 한 번의 실수로 모든 것을 잃을 수 있어 나의 네 트워크를 점검하고 지키는 노력도 절실히 요구됩 니다.
그리고 아무리 내 네트워크가 좋고 훌륭한 멘토가 있다고 해도 올라가고 있는 사람을 밑에서 받쳐주 는 사람은 있어도 절대 먼저 올라간 사람이 내 손 을 잡아 주지 않습니다. 위로 올라가기 위해서는 나 스스로 길을 만들고 추진해야만 내 네트워크와 의 선이 이어진다고 봅니다.

그냥 하면 된다는 생각은 쉽지만, 정말로 할 말을 다 하면서 살 수 있을까?

내가 그동안 단순히 생각하고 꿈꾸었던 프로듀서라는 직업에 대해서 조금씩 체험하게 되면서 많은 사람들과 함께 한 가지 목표를 가지고 제한된 목표 시간 안에 달성해야 하는 일들을 하며 달려나가도록 하는 것은 굉장히 어려운 일이라는 생각을 매일 한다. 그 일을 할 때 어떤 점들이 필요한지 나는 어떤 점이 부족한지 조금씩 알아가고 있다.

그리고 마음을 이야기하고 대화하며 푸는 것들을 하나씩 시도하면서 조금은 발전된 부분도 있기는 하지만 지금도 어렵고 내가 너무너무 부족하다는 생각이 든다. 하루하루 용기를 내며 내 머리와 마음속에 있는 말들을 쏟아내고 싶다. 끝까지 잘 헤쳐나가야 한다!

나 잘할 수 있겠지?

2015년 08월 15일

(B-20) 드디어 오늘, 미국의 수도인 워싱턴 D.C에 도착했다.

올해 광복70주년이 되는 8월 15일 광복절을 기념으로 이곳에서 우리 영화가 상영된다는 생각에 묘해졌다.

감독님을 비롯해서 그 동안 여러 학생과 함께 배우고 체험하며 만든, 더욱 소중한 다큐멘터리 영화인만큼 더욱 긴장감을 느끼고 또 설렘을 나의 현재 페이스북 친구 수?

오늘 드디어 내가 최근에 쓴 소설책이 베스트 셀러 리스트에 올라가서 페이스북에 공유했다. 과연 내 페북 친구들 중 몇 명이 '좋아요'를 눌려줬을까?

올해 여름에 친한 친구하고 떠날 한 달간 여행을 위해 크라우드 펀딩을 하려고 한다. 어디 어디 갈 것인지 구체적으로 지역 이름과 이유들을 써보세요.

느끼고 있다. 오랜 기간 촬영 현장을 다니며 찍은 10,000장이 넘는 수의 사진들을 편집해서 《The Last Tear》 사진집을 만들어냈고 이 영화는 우리 대한민국 역사와 교육을 주제로 한 또 하나의 중요한 작품이 되었다. 그뿐만 아니라 그동안 크리스토퍼 대표님께서 《Fading Away》 영화를 시작으로 계속 연구하고 제작하고 계시는 프로젝트는 영화, 연극, 사진 등의 시리즈가 되었고, 이러한 소중한 작품들을 매번 학생들과 함께 만든다는 것은 그만의 브랜드가 되었다.

(B-12) 며칠 전 글렌데일 알렉스 대극장에서의 상영과 LA CGV에서의 상영이 있고서, 오늘은 워싱턴 D.C의 해군기념회관에서 《The Last Tear》를 존스 홉킨스대학교 국제대학원^{John's Hopkins University, SAIS}의 초대로 상영했다. 특히 마침 이곳 워싱턴에서 인턴십을 시작하는 '아산서원'의 또래 학생들 10여 명이 상영에 함께해서 더욱 뜻깊고 공감할 수 있는 자리가 되었다.

"둥, 둥둥……"
조명이 어두워지면서 그동안 우리가 모든 열정을 쏟아낸 영화가 내 가슴을 두근두근 울리듯이, 화면 속에서 들리는 봉은사 북소리가 관중들의 귀와 마음을 마구 흔드는 것을 느낄 수 있었다. 우리 영화를 보러 해군기념회관의 상영장 구석구석 모든 자리를 메운 많은 사람들……. 그리고 수백 개 눈동자가 화면을 향하고 있었다.
하지만 언제나 그랬듯이 내 시선은 화면이 아니라 다른 곳에 있었다.

PART 6

경험

> 밀어서 잠금해제

볼 때마다 느껴지는 말로 못할 감동, 할머니의 이야기, 그 이야기를 표현하는 지난 번 《Fading Away, the Play》 때부터 함께한 이정화배우님의 혼신을 다한 연기, 무용가 크리스틴의 춤…. 모든 것들이 어우러지는 그 순간을 함께하는 사람들을 보고있었다. 우리 영화와 동시에 진행되는 나의 영화 속에는 관객들의 작은 눈동자, 그리고 손동작 몸동작……. 그 반응들이 있었다. 사람들이 나와 같이 울까 웃을까. 역시 웃을 때 웃고, 울고 싶을 때 함께 울고 긴장할 때 숨을 멈추는 모습이 신기했다. 고개가 돌아갈 때는 내 숨이 멎는 것처럼 두렵기도 했다. 역시 표현의 자유가 있는 분위기 속이라 그럴까, 영화 속 장면보다 더 화려한 관객들의 모습과 반응은 신기하고도 가장 두렵기도 한 시간들이었다.

(A-05) 영화 상영이 끝나고 영화 제작 팀원들과 크리스토퍼 감독님과 함께 관객들 앞에 서서 '제작진과의 대화' 시간이 있었고, 나 또한 제작진 중 한 명으로서 소감을 이야기할 수 있었다. 빙 둘러싼 수많은 관객이 우리에게 질문을 마구 쏟아냈다.

어떤 의미로 만들었나요?

가장 어렵고 힘들었던 과정은요?

우진

대표님 그런데요. 이 책을 읽는 사람들은 어떻게 생각할지 모르겠지만 저는 대표님과 이야기하면서 매번 느끼는 건데요. 아주 어렸을 때 미국에 가셔서 40년 넘게 사셨는데 어떻게 한국말을 이렇게 잘하시는지 궁금해요. 저도 언젠간 영어를 그렇게 유창하게 하는 날이 오겠지요?

Chris

앞에서 말했잖아요. 내 별명이 투덜이고 대변인이라고……. ㅋㅋ 하고 싶은 말 다 하고 살다보니깐 당연히 늘지요……. 그리고 내가 어렸을 때 미국에 왔다는 핑계가 조금 자신감을 주긴 해서 틀리든 맞든 하고 싶은 말을 하지만 하면 할수록 늘고 있는 건 사실에요. 그리고 중요한 것은 (E-01) (277P) 들은 것이 많기 때문에 하고 싶은 말이 많다는 사실이에요. 아무리 투덜이라고 해도 그만큼 남의 말도 많이 듣는다는 사실입니다.

내가 매번 투덜대는 것은 긍정적인 현상이에요. 내 경험과 지식이 없다면 이러한 Constructive Criticism이 없었을 것입니다. Constructive Criticism이란 내 경험과 지식에서 나오는 긍정적인 비판입니다. 관심이 있어서 더 많은 발전을 제공하는 의견일 뿐입니다.

우진

저도 그런 투덜거림, 많이 하고 싶어요. 찬물이 닿으면 차다고 얘기하고 뜨거우면 뜨겁다고 얘기하고……. 보면 볼수록 제 의견이 많아졌으면 합니다. 알고 들은 것이 있어야 말할 것이 많다는 말씀에 동의해요.

제작과정에서 어떤 역할을 했나요?

역사란 무엇이라고 생각하나요? 등등…….

질문에 앞서서 소감과 대답을 준비하기 위해 내 수첩에 적어 수정하고 또 외우고 했었지만 이런 장소나 분위기에서 편안하게 이야기하는 것이 익숙하지 않았다. 무슨 말을 어떻게 했는지 기억이 하나도 나지 않는다. 그리고 긴장해서 연습했던 것보다 훨씬 못했고 정말 만족할 수 없었다.

그런데 곰곰이 되짚어보니까 이런 생각이 들었다. 답을 연습할 수 있을까? 그냥 보이는 대로 느끼는 대로 아는 대로 말하면 틀리는 것일까? 예상 질문을 준비하고 대답하는 과정들이 사실은 내가 진짜로 원하고 느끼는 것들을 그 순간에 솔직히 말하는 것을 방해하는 것이 아닐까? 나는 완벽할 수 없는데, 사람들 앞에 서서 나를 포장하고 꾸미려고 하는 것일지도 모른다는 생각과 조금 다르게 생각해보면 더 좋았을걸…… 하는 아쉬움이 남았다. 그리고 이런 경험이 없었더라면 나는 이 부분에 대해서 생각해볼 수도 없었을 거라는 생각이 들었다. 감사한 순간이었다.

(E-02) 그렇게 긴장과 혼란 속에 영화 상영과 제작진과의 대화 시간을 마치고 리셉션을 하면서는 눈코뜰 새 없이 더 이리저리 오가면서 이야기를 했는데, 이 중에서는 영어로 나에게 질문을 던지는 사람들이 많

우진

의견이 생기고 발전시키는 과정에서 더 제 생각을 키울 수 있다고 생각이 드네요. 외국어의 경우에도 마찬가지고요……

Chris

대한민국 학생들이나 청년들이 영어나 외국어를 많이 배우는데, 책을 읽는 방법은 알고 쓰는 것도 대부분 잘하지만 주로 말을 못하는 이유는 틀릴까 봐 상대방이 무시할까 봐 대화를 먼저 시도하지 않는 거예요. 그리고 아무리 TV나 영화를 보면서 듣는 것을 배운다고 해도 대화에 맞는 생활영어라는 게 있는데 듣지 않으면 절대로 말할 기회가 생기지 않습니다. 무엇보다 내 문법이나 단어선택이 잘못돼서 [E-02] [275P] 창피하고 또 무시당한다는 두려움이 말을 막게 되는 것이지요.

그래서 우리가 1인 창조 기업을 할 때도 시작과 끝의 선을 잘 잇고 발전시키면서 어려움은 극복하면 됩니다. 항상 안 되면 어떻게 하나? 어떠한 어려움이 올까? 하는 생각이 앞서면 시작부터 안 된다는 말을 하고 싶습니다.

우진

이 책을 준비하면서 대표님이 가장 고민스럽거나 조심스러운 부분이 뭐라고 생각하세요? 그리고 처음 대표님께서 1인 창조 기업을 시작하기로 생각하셨던 계기와 그 과정에서 겪으셨던 좋았던 부분, 어렵고 힘들었던 부분이 있다면 무엇인가요?

았다.

특히나 'Korea Foundation'이라는 곳에서 일하시는 한 분이 한국과 북한의 역사 인식 문제에 대해서 한국사람들은 어떻게 생각하는지 물었는데, "In my opinion"으로 시작해서 뭐라고 하기는 했는데 뭐라고 했는지 아무 생각이 안 난다!

나는 영어로는 고사하고 한국어로도 생각해보지 않았던 질문이라 제대로 대답을 못 했던 것이 너무 창피했다. 들어본 적도 없었고 생각해본 적도 없었기 때문이다.

(E-01) 워싱턴D.C라서 그런가? 분명 생김새는 전형적인 백인이었는데 한국인인 나보다 훨씬 우리나라의 역사에 대해서 관심을 가지고 생각을 많이 한다는 생각이 들어 부끄럽기도 했다.

하지만 더욱 생각해보니 내가 이전에는 생각해보지 못했던 부분이라면서 도리어 그 분에게 생각을 여쭈어보았다면 더 좋았을걸, 용기를 내고 당당하게 모르면 모른다고 이야기하고 거기에서 또 하나 배우면 좋지 않았을까 하는 생각이 든다.

What is your opnion on the situation in North and South Korea?

하지만 돌아오는 질문에 긴장할까봐 두렵다… ㅠㅠ

Thank you, Bye... 이건 확실히 할 수 있는데 ㅋㅋ

(B-10) 미국은 다민족, 다문화 사회다 보니 자신의 뿌리인 역사와 문화에 대해서 적극적으로 목소리를 내고 동참한다는 것이 신기하고 부럽

이 책을 쓰면서 가장 큰 고민? 흠······. 고민은 아니지만 책 커버에 내 학력을 쓸까 말까가 조금 조심스러웠어요. 내 이름 위에 '하버드'라고 크게 적 히면 이 책이 더 포장되어 더 잘 팔릴까? 나는 하버드 출신도 아니고 우진이는 서울대 타이틀이 없는데 누가 이 책에 관심이라도 가질까? 하지만 우리는 하버드나 서울대가 우리를 거절한 게 아니라 우리가 선택하지 않았다는 것을 당당하게 말하고 싶어요. 물론 둘 다 많은 면으로 봐서 좋은 교육 시설이기는 하지만 내가 하고 싶은 거 나의 뚜렷한 목적이 있고 그 (E-03) (323P) 진로를 위해 선택한 교육과정이 분명히 다르다는 점을 강조하고 싶습니다. 하버드나 서울대 그리고 수많은 명문대 학력을 가진 사람들보다 더 화려한 실천과 경험으로 더 많은 결과물을 만들었고 그것을 유력한 자료로서 청소년들에게 제공했죠. 아쉽거나 후회한 적은 절대 없습니다!

1인 창조 기업을 하면서 좋았던 것은 물론 내 자유겠지요. 하고 싶은 거 하고 만나고 싶은 사람 만나고 가고 싶은 곳 마음대로 가는 거······. 하지만 하기 싫은 거, 만나고 싶지 않은 사람들 그리고 가고 싶지 않은 곳도 피할수 없었어요. 내가 원했던 것을 하면서 왜 문제가 없었겠어요. 하지만 어떠한 문제이던 다 내가 해결해야 하고 극복해야 했어요. 그리고 제일 힘들었던 것은 물론 사람들로부터의 배신과 실망이었습니다. 물론 그 사람들도 그러고 싶어서 그런 것은 아니지만 그래도 그 순간들은 가장 힘들고 극복하기 힘들었던 과정이었어요.

－

기도 했다. 워싱턴 D.C에서 거의 10년째 매년 6.25 전쟁의 종전 기념일인 7월 27일을 기념하여 한국계 미국인들이 하는 'Remember 727' 행사를 비롯한 LA의 리틀 도쿄에서 보았던 일본 문화 행사 등등에서 그런 점들을 더욱 느꼈다. 미국이라는 나라에 이민 오거나 이민 3세로 태어났지만 본래 자신들의 뿌리와 문화유산을 잊지 않고 기록하며 매년 행사를 열고 사람들을 동참시키고 하는 모습을 보며, 역사는 둘째치고 내 주위 사람들의 이야기에도 무관심했던 나를 돌아보게 되는 계기가 되었다. 이 영화에 참여하며 할머니의 이야기를 들으며, 팀원들과 대표님의 이야기를 들으며, 내가 그동안 살아왔던 세계는 너무도 좁고 얕으며 한없이 약한 것이라는 생각이 들기도 했다. 또한 나를 생각하고 곁에 있어 주는 사람들에 대해서 다시 생각도 해보고 나라는 사람이 지닌 장단점 그리고 앞으로 나아갈 길에 대해서도 무척이나 방황하고 고민할 수 있는 시간이 되기도 했다.

지난번 이곳에 왔을 때 같이 온 인턴이자 친구가 푸른 드레스를 입고 그랜드 피아노를 쳤던 바로 그 장소인 링컨 메모리얼에서 또 하나의 이벤트를 준비했다. 1년이 지난 지금도, 평범한 학생에게 그런 일이 가능할까 믿겨지지 않는 연주… 마틴 루서 킹이 '나는 꿈이 있습니다' 연설을 했던, 비욘세 같은 유명 가수들만 서는 링컨 메모리얼 광장이었다. 작년 뜨거운 여름, 워싱턴 숙소에서 함께 피아노 연습을 하며 상상하고 꿈꿨던 무대가 펼쳐지기도 했던 역사적인 장소에 다시 올 수 있게 된 것이다.

우진

저도 능력이 안 돼서 서울대나 카이스트 그리고 넉넉하지 않아서 하버드나 콜롬비아 등 유학은 꿈꾸지 못했다고 할 수 있겠지만 제가 선택한 진로, 비록 6년이라는 긴 시간을 거쳐 한예종을 졸업했고 그 결과와 이루어낸 제 경험 그리고 대표님과 함께 참여한 프로젝트 경험들은 그 무엇과 비교할 수 없는 저의 소중한 결과물이고 절대 부끄럽지 않습니다. 대표님께서 1인 기업으로서 해오셨던 다른 일들도 궁금합니다.

Chris

나는 평범한 가정에서 태어났지만 그 비극적인 조건인 남자 삼 형제 중 둘째로서 힘든 어린 시절을 겪었습니다. ㅋㅋ 그래서 혼자서 극복하고 생존하는 방법을 배웠지요.

그래서 그런지 어렸을 때부터 시키는 것은 왠지 하기 싫었고 많은 아르바이트를 했어요. 용돈을 벌고 저축하려고가 아니라 무조건 벌어서 쓰자는 생각이었죠. ㅋㅋ 중학교 때는 신문 배달, 고등학교 때는 이런저런 돈 준다면 다 한 것 같아요. 물론 나쁜 일들은 말고……. 그러면서 고등학교 때는 싫은 것은 죽어도 하고 싶지 않았고 성적도 대충……. 하지만 좋아하는 것들은 누구보다 열심히 했어요. 그래서 만들기 좋아하고 꼼꼼한 성격에 맞게 대학에서는 건축을 전공하고 학교 다닐 때도 건축사무실에서 매년 인턴십하고 일도 하고 또 학과 회장도 수년간 하면서 하고 싶은 거 다 하는 바쁜 시간을 보냈습니다.

(B-11) 이렇게 워싱턴 DC에서 뜻깊은 영화 상영회를 마치고 일정들을 정리하면서 그래도 우리 나라의 70주년 광복절을 기념해서 이곳에서 '우리 뭔가 해야 되지 않을까?' 하는 아쉬움과 미련이 생겼다. 그래서 우리 영화팀과 머리를 맞대어 아산서원에서 온 학생들하고 뭔가 의미있고 추억이 될만한 아이디어를 내게 되었다.

나도 언젠가는 열심히 노력해서 그 장소에서 무언가를 할 것이라는 생각을 했던 것이 좋은 아이디어와 도움으로 인해 생각보다 너무 빨리 이루어지는 모습을 보면서 한 편으로는 정말 믿을 수 없었다.

"우리는 놀러 온 것이 아닙니다.

당신이 지켜준 소중한 오늘.

우리 젊은이들은 기억하려고 합니다.

광복 70주년"

바로 졸업 조건이 맞아 건축가 자격증을 따고 이후 디즈니 테마파크로 시작해서 리조트호텔과 테마파크 전문 건축가로 일하고, 이후 엑스포 프로젝트에 참여해서 첫 영상작업을 92년도에 시작했습니다. 이후 인터넷이 발전하면서 온라인을 통한 멀티미디어와 게임사업을 시작했고 이 경험을 통해 장편과 TV 애니메이션 제작에 참여했습니다. 그리고 기술과 경험을 이어 실사영화 특수효과와 포스트 프로덕션 프로듀서로 일하면서 이제는 다큐멘터리 영화와 교육사업을 이어나가고 있습니다. 이렇게 건축에서 영화감독으로 이어나가는 과정은 내 개인에 관심으로 이어나가 실패와 성공이 지금 내 위치를 만들어냈다 생각됩니다. 남에게는 작게 보일지 모르지만 건축부터 게임 그리고 영화제작에 있어서는 누구보다 더 열심히 일했고 더 좋은 기록을 가지고 있다고 봅니다. 비록 대한민국 사람들은 대중적인 브랜드가 아니라고 생각하겠지만 나만의 독특한 브랜드를 만들어 나만의 세계적인 기록을 만들었고 결과는 곧 다른 기회로 계속 이어지고 있습니다.

이렇게 많은 것들을 하셨는지 저도 이제 알게 되었지만 저나 여러 사람이 궁금해했었어요. 도대체 뭐 하는 사람일까? 어떻게 먹고 살지? 등등……. 하지만 분명한 것은 하나를 생각해서 하나를 실천하고 그 실천들이 또 다른 기회를 만들어 나간다는 것은 우리 같이 평범한 사람들은 상상도 못 하는 부분이라는 생각이 들었어요. 신기하기도 했고요.

이란 팻말을 만들어 수천 명 외국 관광객들 앞에 당당하게 들려 올려 전했다. 이렇게 의미있고 잊지 못할 여름 인턴십 기간을 보내면서 나는 이전엔 알지 못했던 세상들이 너무 많다는 생각이 들었다.

(A-15) 워싱턴을 다녀온 후 일정이 없는 오늘은 아침 일찍 캘리포니아 명소 중 하나인 산타모니카 바닷가로 자전거를 타러 갔다. 쭉 뻗은 지평선과 정말 끝도 없이 펼쳐지는 해변, 따뜻한 햇볕, 예쁘지만 비쌀 것만 같은 부러운 집들, 서핑하는 사람들, 자전거와 스케이트 보드를 타는 사람들…… 영화에서 보았던 유명한 산타모니카 관람차 그리고 우리들……

산타모니카에서 베니스 비치까지 1시간 정도 걸리는 길에서 만나는 풍경을 자전거를 타며 내 눈과 귀와 온몸으로 만끽했다. 그렇게 바람을 가르며 행복해하던 어느 순간 'On your left! (제가 당신 왼쪽에 있어요)'라는 말이 들렸고, 내 앞으로 쌩하며 그 사람이 지나가는 것이 아닌가! 어안이 벙벙했다.

그리고 또 들리는 다른 사람의 목소리, 'After You. Go Ahead! (당신 먼저 가세요)', 나는 머리를 '콩'하고 맞은 듯이 신선한 충격에 휩싸였다. 나는 자전거를 타며 다른 사람 앞으로 또 옆으로 지나갈 때 저런 말을 해본 적이 없는데……, 내가 멈추고 싶을 때 멈추고 내가 위험할까

Chris

모든 과정에 앞서 나 자신에 관해 알아보는 첫 단계가 가장 소중합니다. 내가 모르는 장점 단점을 고려하여 무엇인가 하고 있을 때가 가장 행복한지 알게 되고, 바로 그 순간이 성공이라는 점을 사람들은 모릅니다.

1인 창조 기업이란 내 성격과 관심사에서 시작되어야 하고, 그것이 발전되어 바로 현재와 미래 트렌드를 창작해냅니다. 영화를 전공해서 영화인이 되는 게 아니라 삶을 살면서 그 아픔과 슬픔 그리고 즐거움이 내 관심으로 이어지고 이 내용이 창의적인 지식으로 발전되어 내가 연출할 수 있는 능력이 생기고 영화를 만드는 감독으로 발전되는 것입니다. 영화를 만들기 전 보는 사람들의 반응을 상상해야 하지요. 음식을 만들기 전 짜고 싱거운 맛이 내 경험과 지식으로 인해 표현된다는 사실은 그어느 교과서에도 없습니다. 만들고 실패하고 성숙해지는 경험에서 기회가 오고 결과를 만들어냅니다.

남이 성공했다고 해서 지식과 경험이 없는 내가 투자를 받아 또 남을 의지하는 1인 창조 기업은 오래가지 못합니다. 많은 실패를 통해 성공으로 이루어지지만 남을 의지하는 것은 더 큰 실패를 제공합니다. 내가 지금은 조금 부족하더라도 자신을 가지고 결과를 상상한다면 실패가 있더라도 나는 더 성숙하게 발전되어 있을 것입니다. 그리고 반드시 더 훌륭한 결과를 얻어낼 겁니다.

봐 주위를 둘러보았던 내 모습을 깨닫게 된 것이다. 자기 자신의 안전뿐만 아니라 "'너'의 옆에 내가 있다, '니'가 먼저 가라.' 타인을 위해서 하는 이런 양보와 배려의 말들이 너무나 다르고 낯설게 느껴졌다.

그리고 생각이 들었던 건, 한국에서는 대부분의 사람들이 건물에 들어갈 때 뒷사람까지는 신경쓰지 않고 자기 자신만 들어가고 나오는데 여기서는 항상 뒷사람을 위해 문을 잡아주는 것에 대해서 새로이 발견하게 되었다. 우리 엄마 아빠가 태어나셨던 1960년대까지만 해도 전세계 다른 나라에서 원조를 받아서 살아가던 우리 나라가 세계 경제 대국이 되기까지 정말 급속도로 발전했고, 그 과정에서 다른 사람들을 살피지 못한 것은 아닐까 그런 생각도 들었다. 나 또한 평범한 한국사람이고 마찬가지로 행동했기 때문에 너무 부끄러웠다. 그리고 여기 미국 사람들은 눈이 앞, 뒤, 양옆에도 달려서 자신이 다른 사람에게 피해를 주지 않을까 생각하며 배려하려고 하는 것이 아닐까 하는 생각을 했다.

우진
그러면 1인 창조 기업을 운영하면서 가장 중요하다고 생각하시는 점에는 어떤 것이 있을까요? 장단점도요!

Chris
앞에 말했듯이 1인 창조 기업의 성공은 1인 지식에 있습니다. 돈이 없어도 하고 싶은 의지와 실패를 두려워하지 않고 경험에서 온 지식과 내 브랜드를 만들어내는 그런 창의적인 마인드가 없다면 곧 실패할 것이고 또 다른 기회는 절대 오지 않을 겁니다. 장점은 내가 스스로 남을 탓하지 않고 나 스스로 긍정적인 마인드를 가지고 일하는 점에서 행복하다는 것입니다. 단점은 일을 추진하면서 부딪히는 문제를 남이 도와주지 않을 것이고 스스로와의 싸움이라 외롭다는 것입니다. 하지만 이 외로움이 반드시 내 자신감을 키워주고 현명한 지식을 얻어준다고 봅니다.

우진
앞에 말씀하신 것처럼 학벌보다는 현장교육과 경험을 외국에서는 더 우대한다는 것은 많은 의미를 주네요. 대한민국 청년들은 오직 취업이라는 목적에 두려움이 있고 무엇을 하든지 편안하고 안정적인 직업을 원하는 게 사실입니다. 예를 들어 대기업 정규직이나 공기업, 공무원 이런 직업들을 선호하지요.

#25 남해와 국회를 넘어, 한예종에서의 '마지막 눈물' ▼

《The Last Tear-마지막 눈물》 다큐멘터리 영화는 미국 로스앤젤레스, 워싱턴 그리고 국제영화제 상영을 거쳐 이제 국내 상영을 하는 순서가 되었다.

국내 상영하는
순서가 되었다.

2015년 08월 29일 남해

미국에서 후반 작업을 마치고 한국으로 돌아와 맨 처음으로 이 영화를 특별 상영하러 갔던 곳, 이 영화의 주인공인 박숙이 할머니가 계시는 곳이었다. 그때 나는 그동안의 스트레스가 쌓였는지 심한 위염과 위경련이 나서 서울에서 버스로만 거의 5시간이 걸리는 그 먼 남해로 내려가기 전날에도 그리고 그 전날에도 매일 병원과 응급실 신세를 지고 있었다.

매일 밤 토하고 고통 때문에 제대로 잠을 자지도 못하는 새벽에는 몇 우리가 흔히 말하는 은퇴란 말은 간단하게 설명하 자면 현직에서 물러난다는 말입니다. 그런데 내가 평소에 하면서 좋아하는 일에서 왜 물러나야 하지 요? 젊어서 뼈 빠지게 일하고 나중에 나이 들어서 편하게 살고 싶다고들 말합니다.

왜 우리는 좋아하지 않는 일을 매일 불평하면서 젊었을 때 뼈 빠지게 일하고 나중에 골프 치고 여행 다니면서 살 것이라고 생각할까요? 지금 내가 하는 일에 관심과 열정을 쏟아서 일할 때는 일하고 놀 때는 더 젊었을 때 노는 것이 더 현명하지 않을까요?

 당연히 그런 날들이 오면 더 행복하겠지요. 하지만 우리는 개인의 장단점과 적성을 고려한 창조 기업에 익숙하지 않아서 무엇이 우리를 위한 것인지 잘 모르는 게 현실이고 뼈 빠지게 일만 한다고 생각하는 게 아닐까요?

나중에 결혼해서 가족을 이루게 되면 또 다른 책 임감이 앞에 있습니다. 우리 부모님 세대는 책임감 때문에 피곤하고 힘들지만 자식들을 위해 직장에 남아있으려고 사고 치지 않고 시키는 일만 해야 했습니다. 그래서 또 하나의 문제는 시키는 것에 열중하다 보니까 창의적인 마인드는 더 희미해지고 또 미래에 대한 발전이 없기에 젊은 사람들에게 밀려 일찍 은퇴하게 됩니다.

+ 😊 #

번이고 포기하고 싶고 쉬고 싶었다.

친한 친구는 몸이 이런데 미쳤냐고, 거기가 어디라고 가냐면서 제발 입원하고 쉬라고 화를 냈다.

하지만 나는 정말로 이렇게 오래 걸려서 나뿐만 아니라 정말 많은 사람의 이야기와 피땀이 서려 있는 이 영화를 상영하는 의미 있는 곳에 꼭 내가 가야 한다는 책임감과 욕심 때문에 포기할 수가 없었다. 내 두 손으로 영화 DVD와 사진집을 가지고 내려가서 영화 팀원들과 함께 할머니의 고향 남해의 관객들과 함께 꼭 내 두 눈으로 반응을 보고 싶었다. 함께하고 싶었다.

그렇게 찾아온 상영 당일, 응급실에서 새우잠을 자고 돌아와 씻고 가방을 챙겨서 아침 일찍 버스에 올라 남해로 내려가는 길에도 진짜 내가 미쳤구나, 미쳐도 단단히 미쳤구나. 이런 생각이 들었다.

그래도 나는 함께 가야 했다.

(B-03) 서울에서 버스로 장장 5시간이 걸리는 우리나라 남쪽 끝, 남해 버스 터미널에 도착해 우리 영화에 협조해주셨던 남해여성회 회원분들의 안내를 받아 상영장에 도착했다.

영화관이 없는, 너무나 깨끗한 바닷가와 투명한 바닷물, 나무가 우거진 아름다운 숲이 있는 이곳에서 우리 영화를 보는 관객들은 어떤 반응을 보일까, 다시 한 번 생각하기도 했다. 상영장 앞에 새로 만들어졌

우진 그러면 사회적으로 일찍 은퇴하고 자기 일을 계속 하지 못하는 건 한국의 안타까운 점이라고 생각하 시나요? 그리고 우리나라 기업 안에서도 연구 개 발을 하는데 그것도 창의적이지 않다고 생각하시 나요?

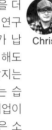

Chris 연구라는 단어는 없는 것을 발견하고 있는 것을 더 개발한다는 말이지만 우리 대한민국 기업의 연구 와 개발 비율은 선진국의 비율과 많이 차이가 납 니다. 아무리 연구팀이 있고 개발팀이 있다고 해도 새로운 것에 도전하고 모험을 하는 기업이 많지는 않다고 봅니다. 그리고 남이 잘되면 따라 하는 습 관이 있어, 자기만의 브랜드를 만들어내는 기업이 우리나라는 많지 않습니다. 그래서 대한민국은 소 프트웨어보다는 하드웨어에 더 신경 쓰고 남이 한 것을 조금 더 발전시키려는 마인드가 있습니다. 투 자에 비교해 수입이 많이 떨어지는 이유이기도 합 니다.
선진국일수록 하드웨어보다는 내용물이 중요한 만큼 소프트웨어에 더 신경 쓰지요. 극장을 더 크 게 화면이 더 크게 건물이 더 높게 짓는 하드웨어 가 아니라, 극장이 작든 화면이 작든 스토리가 좋 아서 눈물을 흘릴 수 있는 그런 영화를 만들어내 는 소프트웨어가 많이 개발되어야 합니다.
그래서 이곳 미국에서 더 큰 영화를 만드는 감독의 평균나이는 대한민국 사람들이 은퇴하는 나이와 비슷한 55세입니다.

다는 할머니 이름을 딴 '숙이 공원'과 소녀상도 보고, 극장에 들어가 문제가 없는지 영화를 틀어보고서 드디어 시작 시간이 되었다.

　정말 어린 학생부터 나 같은 대학생, 아주머니, 나이 드신 분들까지 정말 수많은 사람이 우리 영화를 보러 찾아오고 우리 주인공이신 박숙이 할머니의 이야기를 듣고 보고 싶어 한다는 것에 놀랍고 감동했다.

　150석 남짓했던 상영 공간 사이사이 바닥에 학생들을 앉히고 젊은 친구들에게 양해를 구해 서서 보게 하고, 그 열기를 식히기 위해 출입구를 모두 열었을 정도였다. 그러고도 모자라 수많은 사람이 자리가 없어 돌아가는 모습을 보았다.

　항상 그랬듯이 영화가 시작하기 전 차분한 분위기를 연출하기 위해 친구가 피아노를 연주하고, 그렇게 사연 많고 눈물 많고 여러 교훈이 담긴 우리 영화를 여러 세대가 함께 감상했다. 훌쩍거리며 착잡한 마음으로 자신을 바라보고 공감하는 시간이 되었다. 그리고 지금까지 전 세계의 수많은 영화제에서 입선 및 수상을 하고 있다는 것도 이 점에서 집중할 만한 점이라고 생각이 들었다. 다시 말하면, 타겟 관객층인 우리 같은 대학생들과 젊은 사람들이 함께 느끼고 배우며 만든 영화가 이러한 의미 있는 주제로 만들었다는 것으로 다른 영화들과 차별화가 확실히 되는 부분이기 때문이다.

　영화가 끝난 직후 제작진과의 대화 시간에 미국에 계시는 크리스토퍼 대표님이 직접 전화를 연결해서 감사 말씀까지 전하셨다. 어린 학생들부터 어르신까지 우리를 격려해주고 수고했다는 말을 건넸다. 우

불만은 많지만 시키는 일에 열중하다 보니까 무능력해지고 창의적인 마인드가 없어져 밀려 나가는 대한민국 부모세대와 달리 선진국일수록 그동안 내가 쌓아온 경험과 지식 그리고 네트워크를 이용해 더 큰 콘텐츠를 만들어냅니다. 경험은 지식이고 지식은 미래입니다. 학교에서 글로 배우는 이론보다는 땀과 노력 그리고 실천으로 배우는 실패와 성취감은 그 어느 학벌보다 더 훌륭합니다. 은퇴라는 단어보다는 이런 기회를 이어주는 행복을 1인 창조 기업에서 만들어내야 한다고 봅니다.

Chris

우진

경험은 지식이고, 지식은 미래라는 말씀……. 그러면 경험의 연속은 곧 제 미래인 건가요? 하지만 불확실한 미래를 걱정하지 않을 수는 없어서 또 고민이에요.

우진이는 '역사'란 뭐라고 생각해요? 그리고 우리가 왜 역사를 배워야 하나요?

Chris

우진

우리가 살아온 발자취…… 좋은 것은 기록하고 나쁜 것은 되풀이하지 말자는 목적이 아닐까요?

다들 우리가 살아온 '발자취'라고 단순하게 말하지요. 하지만 역사는 승자로부터만 기록이 되고 그들의 왜곡된 객관적 사실들을 주입식으로 우리를 가르치려고 하는 게 문제입니다.

Chris

리가 연예인이 된 것처럼 뿌듯했지만 또 다른 책임을 느꼈던 순간이었다.

이렇게 물론 모든 일정이 끝나고 숙소에 들어오니 긴장이 풀어져 바로 쓰러져 잠이 들었다.

무리해서라도 꼭 보고 싶었던 남해 상영을 함께했지만, 96세이신 우리 박숙이 할머니께서 건강상태가 좋지 않으셔서 직접 보여드리지 못해 정말 아쉽기도 했다.

"할머니 저 왔어요." 하고 안아드리고 싶었는데…….

역사는 그 시대에 있었던 일들을 기록하지만 내가 보는 시선과 관점은 비판적일 수 있죠. 그래도 잘못이라고 강요하지 말아야 합니다. 그래서 우리가 겪었던 경험들이, 설사 내가 실패를 해서 누가 뭐라고 비판해도, 나에게는 소중한 또 하나의 기록이고 지식입니다. 나의 '경험'은 나의 '역사'이고 내가 기록하기에 절대로 지울 수가 없습니다. 그래서 그 기록과 나의 역사를 위해서는 더 많은 기록을 남기어 남에게 가르친다기보다 참고가 되어야 한다고 봐야 합니다.

프랑스 파리는 조상들을 잘 만나 수백 년 수천 년 된 건물이 기록되고 보전되어 지금은 세계적인 유명 관광지로 발전되었고 그 후손들이 그 유산을 물려받아 잘 먹고 산다고 합니다. 반면 대한민국에서는 치욕적인 역사의 흔적이라고 건물들을 부수고 흔적을 없애고 왜곡하고 있습니다.

이제 사진들만 남아서 그 역사적인 현장을 직접 보고 만져가며 생각을 할 수 없는 우리 불쌍한 후손과 청년들은 할 수 없이 왜곡된 역사를 인식하게 된다고 생각해요. 잘못됐든 잘했든 내가 만지고 스스로 느낄 수 있는 그런 역사가 보전되어야 하고 우리가 만들어 가는 하루하루 역사도 반드시 기록되어 내일이 없는 것처럼 오늘 열심히 하는게 아니라 내일을 위해 가슴이 뛰는 열정이 있어야 합니다. **(E-04) (323P)** "Live like there's no tomorrow" 보다는 "Live for tomorrow"가 더 도전하는 기회를 주고 더 보람있는 하루를 제공한다고 생각합니다.

(B-19) 그렇게 남해 상영을 마치고 이번 주에 국회에서 상영이 있었는데, 와우. 이 상영도 정말 쉽지 않았다.

아니, 정말 힘들었다.

"여야 공동 주최···위안부 다큐멘터리《마지막 눈물》국회 상영"

"광복 70주년을 맞아 특별 제작된 일본군 위안부 다큐멘터리 영화 《마지막 눈물The Last Tear》 상영회가 12일 국회 의원회관 제2 소회의실에서 새정치민주연합 박영선 전 원내대표와 새누리당 정병국 의원 공동 주최로 열린다." - 조선일보

대한민국 국회라는 상징적인 공간에서 우리 영화를 상영하는 데 참여한다는 것은 정말 특별한 경험이었지만 이해할 수 없는 일들에 나는 머릿속이 너무 복잡하고 혼란스러웠다.

예술경영을 전공하는 어린 학생이 국회에 가고, 국회의원을 만난다는 게 쉬운 일인가?

아니 우리에게는 다른 세상을

우진 저의 역사를 지키려면 저도 반드시 강한 사람이 되어야 하겠군요. 도전하면서 힘든 일들을 극복하고 튼튼한 울타리를 만들어 가야 하겠다는 생각이 들어요!

오늘이 힘들었다고 그냥 견디는 게 아니라 오늘 힘들었으니 내일 더 열심히 힘을 내야 합니다. 강한 사람이 오래 가는 것이 아니라 오래 가는 사람이 강한 것입니다. 오래 가는 사람이 되려면 열정과 지혜가 필요합니다. 기적이란 없습니다. 내가 일한 만큼만 얻는 것이고 지혜는 반드시 경험에서 얻어지는 것입니다. **Chris**

우진 물론 짧은 시간은 아니었지만 그동안 대표님이 하신 일들을 생각하면 엄청 많은 결과를 내셨는데 왜 1인 기업에서 대기업까지는 아니라도 회사 규모를 늘리지 않으셨나 하는 궁금증이 들고, 왜 돈도 안 되는 다큐멘터리 영화들을 엄청난 시간을 소비하면서 만드셨는지도 궁금해요.

회사에 직원이 많다고 잘 되는 것이 아니에요. 그만큼 나눠야 하고 또 신경 쓸 부분도 많아집니다. 그래도 나는 집이 아닌 제2의 집, 내 사무실이 있어요. 사무실은 내 모든 실천 과정과 그 흔적이 있는 나의 박물관이고 역사관입니다. **Chris**
하지만 수많은 결과물은 절대 혼자 못 만들어요. 내가 필요할 때 대부분은 스스로 할 수도 있지만 조금 더 발전시키기 위한 욕심에 여러 전문가를 섭외하고 채우는 것입니다.

사는, 정치하시는 분들과 같은 장소에서 함께한다는 생각이 또 다른 우주를 연상시키고 어려우면서도 또 신기했다. 신기했나? 뭐, 이상했다.

사실 이때는 준비하는 과정에서 국회 측 실무진과의 소통 미흡과 갈등으로 상영회 당일에 외출 준비를 하면서 나를 아무도 모르는 곳으로 도망가고 싶었다.

왜 이렇게 나한테 차갑게 대하는 걸까?

내가 애송이일까?

그들이 사는 세상은 무엇일까?

국회가 뭐 별거야?

진짜 학생인데 부족한 게 당연하지, 너무하는 거 아닌가.

이런 생각과 동시에 나는 아직도 먼 것일까, 무능력한 것일까, 내가 어떻게 보일까 오만 생각이 들었다.

이전에도 공연 당일 아침에 다 버리고 도망가고 싶었던 순간들이 손에 꼽을 수 없을 정도로 많이 있었지만, 이번에는 정말 상영장소로 이동하는 지하철 안에서 자괴감까지 느낄 정도로 너무 힘들고 두려웠던 기억이 난다.

그렇게 많은 사람과 함께 무사히 상영을 마쳤지만 언제나 아쉬움은 남는 것!

영화 상영 전 분위기를 고조하는 중요한 순서였던 피아노 연주를 하

그 전문가들도 자기만의 브랜드를 갖춘 1인 창조
기업이기에 똑같은 과정을 거칩니다.
그리고 다큐멘터리 영화를 만든다고 돈이 안 되리
라고 생각들 하는데 내가 돈을 벌고자 만들었다면
그 방법이나 내용도 많이 바뀌었을 것이고 물론 결
과도 달랐을 겁니다. 하지만 어떤 의도로 제작되든
많은 사람에게 공감된다면 나의 열정과 실천이 인
정되어 또 다른 기회들이 반드시 만들어집니다. 눈
으로만 보이는 결과만이 수입이 되는 것이 아니라
그 열정과 경험을 통해 만들어내는 결과물이 또
다른 수입을 만들어낸다는 사실을 알아야 합니다.

는 순서에도 세심하게 조명을 맞출 수 없었고, 밝은 조명 속에서 피아노를 연주하게 했던 것은 관객들에게도 연주자에게도, 함께한 동료들과 감독님께도 모두 정말 아쉽고 미안하고 또 죄송했다. 내가 더 열심히 노력해야 한다는 것을, 부족한 부분을 더 부딪치며 채워야 한다는 것을 느끼며 한 걸음 더 성장하고 있다는 걸, 그 성장이 있기에 괴로웠다는 것을 알 수 있었다.

(A-07) 이렇게 성격도 다르고 관객도 다른 상영회들에 함께하면서 느낀 점들은, 이제 이 영화가 전 세계 영화제들에서 수상과 입선을 시작하며 정말 다른 사람들과 함께하고 있다는 점이 이 영화가 만들어지게 된 목적과 맞닿는 지점이라는 것을 절실히 느꼈다. 그리고 더 많은 사람과 상영회에서 이 영화를 보고 이야기를 나누며 공감할 수 있었으면 좋겠다는 처음의 목표가 끝까지 이어지고 있다.

2015년 10월 15일 한예종

(B-09) 미국에서 남해에서 국회에서, 그리고 한예종.

지난 70년의 세월을 담은 우리 영화《The Last Tear》을 우리 학교 한예종에서 상영하는 뜻깊은 행사가 오늘 저녁 있었다. 14명의 다양한 국적과 전공을 가진 학생들과 함께 제작 과정에 참여한 그런 영화 내가 생각하는 역사란?

내가 찍고 싶은 다큐영화 제목과 내용?

를 우리 학교에서 처음 상영한다는 점에 더 자부심 반 걱정 반이 되었
다. 더욱이나 오늘은 영화 상영회와 오프닝 공연뿐만 아니라 크리스토
퍼 감독님과 이 영화에 대해서 국내외 다양한 분야를 대표하는 인물의
삶과 일에 대한 철학 이야기를 심층적으로 인터뷰하는 아리랑TV 프로
그램인 '이너뷰Innerview' 촬영도 동시에 진행되었기 때문에 긴장을 더 늦
출 수 없었다.

　프로듀서를 꿈꿔온 내가 아직도 한참 부족하지만 몇 날 며칠을 책상
에서 하얗게 밤을 지새우며 준비했던 바로 그 날이 오늘이었다. 이리저
리 학교 구석구석을 다니며 장소를 정하고, 홍보물을 만들어 붙이고 그
랬던 시간들이 빠르게 스쳐 갔다. 당연히 학교에 있는 가장 좋은 극장
에서 상영회를 열고 싶었기 때문에 준비를 시작할 때 학교 총장님께나

내가 지금까지 살면서 가장 자신있었고 특별한 기억이 되었던 경험들은?

홍보팀 직원분들께 도움을 청했는데 서슴없이 의미 있고 뜻깊은 영화라고 최대한의 협조를 제공하셨고 정말 감사했다.

그렇게 이용할 수 있게 된 어느 멀티플렉스 영화관 못지않은 시설을 갖춘 학교 영화전용관은 너무 좋았다. 그런데 문제는 영화전용관인지라 오프닝 공연 두 팀이 공연하기 위한 무대가 거의 없고 굉장히 좁았다. 우리 영화 분위기에 맞는 잔잔한 퓨전 국악 그리고 현대무용 공연⋯⋯. 우리 학교 재학생들이 한마음 한뜻으로 동참한 것이었다.

하지만 이 공연에서 나는 정말 쥐구멍이 있다면 숨고 싶을 정도로 당황하고 창피했다. 나는 이 상영회의 사회도 보고 전체 진행도 동시에 해야 했는데 공연 진행을 할 때 여러 가지 문제가 생긴 것이다.

국악 공연이 끝나고 이어진 무용 공연에서 점점 조명이 어두워지면서 꺼져야 하는데 조명이 제대로 안 꺼졌다. 무용 음악 뒤에 마이크로 설정이 바뀌어야 하는데도 마이크가 제대로 나오지 않아서 미리 준비했던 멘트를 읽으면서 시간을 벌었지만 결국 마이크 없이 큰 목소리로 영화 시작을 알리기도 했다.

정말, 어떤 누구도 해볼 수 없을 만큼 엄청난 기회였지만, 그 기회에 비해서 지금 현재의 내 능력이 너무 부족하다는 생각이 들었다. 준비 시간이 더 있었으면 조금 더 나았을까? 너무나 두려웠다.

이런 뜻깊은 행사를 망칠 수 없었다. 좋은 영화를 보는 자리에 예의

PART 7

결론

> 밀어서 잠금해제

를 갖추려고 깔끔한 구두도 신었는데, 비상 상황들이 생기다 보니까 구두를 벗어 던지고 운동화로 갈아신고 땀을 삐질삐질 흘리며 무대 뒤로 뛰어다니게 되었다. 엄마도 처음으로 내가 참여한 영화를 보러 오시고, 친한 친구들 그리고 크리스토퍼 감독님과 사모님의 가족분들도 오셨는데 예상치 못했던 사고들이 생기니까 정말 식은땀이 삐질삐질 나는 순간들이었다.

조마조마하며 급박했던 시간들이 지나고 무사히 영화가 시작되었다. 오프닝 공연이 끝났다는 생각에 마음이 한시름 놓였지만, 이제 사람들이 영화를 어떻게 볼까에 대해서 너무 궁금한 마음에 다시 긴장하며 이리저리 사람들의 반응을 살피기 시작했다.

"둥…둥둥…두둥둥……."
정말 수백 번 들어보았던……
깜깜한 새벽 네 시에 봉은사에서 울렸던 북소리가 상영장에 울려 퍼졌다.
어두운 화면으로 시작해 화면 속에는 우리 할머니를 표현하는 무용이 보였고 관객들은 나와 같이 영화 속으로 빠져들기 시작했다.

그리고 나오는 할머니의 모습, 할머니의 따뜻한 손을 잡고 이야기를 들으며 눈물짓는 우리들, 그리고 또 연극, 무용, 점점 영화는 절정으로 가고 있었다.

우진 우리 학생들이나 청년들의 입장에서 자신의 아이디어를 발전시켜 1인 창조 기업으로 자신만의 브랜드를 만드는 것이 특정한 멘토가 있다 하더라도 개인의 재량(성격, 환경)에 따라 네트워크 형성이 어려울 수도, 쉬울 수도 있다고 생각합니다. 그리고 예산이나 배급 이러한 재정적인 것들을 어떻게 풀어갈 수 있을지……. 구체적인 과정이 있었으면 좋겠다는 생각이 들기도 하네요.

Chris 이 책의 목적은 과연 우리가 생각하고 있는 [F-01] [097P] 성공의 기준이 무엇일까? 하는 질문을 던지고, 그 성공을 위한 준비 과정과 진로 그리고 나 자신을 얼마나 알고 있느냐를 점검하는 시간을 갖게 하는 것입니다. 어떻게 하면 성공하지? 에 대해서 1부터 100까지 순서를 적어 구체적인 네트워크 구축, 예산 확보, 마케팅, 배급 등등을 따라 하도록 하는 참고서가 아닙니다.
그건 또 하나의 주입식 방법이기에 이 책의 목적은 자신을 알고 스스로 판단하고 스스로 결정하고 스스로 두려움을 지혜롭게 해결해나가는 자신감을 제공하는 그런 책이었으면 합니다. 목적이 있다면 재정적인 문제는 하나의 해결해야 할 과정일 뿐, 필수적인 조건은 아닙니다.

우진 네, 스스로 자기 자신에 관해서 연구하고 그걸 바탕으로 오늘과 내일을 그려나가야 하겠네요. 그런 의미에서 제가 스스로 성공하기 위한 조건들은 어떤 게 있을까요? 물론 학력이나 부모님의 재력 등이 조금이라도 영향을 주겠지만 그런 거 말고요.

 #

"요새 세상이 개판이야 개판, 개를 키우지 말고 애를 키워야지. 나라가 우리에게 뭘 해줬는지 생각하지 말고 나라의 힘이 돼야지. 개가 나가서 싸울 거가 뭐할 거가!" 푸하하하하……

언제 들어도 폭소를 자아내는 그 장면.

"아무것도 바라는 게 없어. 아무것도 없어.
내가 애를 낳을 수 있어야지."

"할머니, 저희가 나중에 결혼해서 애를 많이 낳을게요.
세 명? 네 명? 이 친구도 많이 낳는대요.
저희가 열심히 공부해서 나라의 힘이 될게요. 할머니……"

살아오신 세월과 고통의 흔적에 비해 너무나도 작은 관심과 공감이었지만, 쓸쓸하고 외로웠던 할머니의 삶이 조금은 밝아지셨으면 이제는 편히 쉬셨으면 하고 바라면서 떨리는 마음으로 뒤에 서서 함께 웃고 울다 보니 영화가 끝났다. 휴……

짧은 대학생활 동안 여러 공연과 작품을 참여했지만 이런 뜻깊은 때에는 항상 설레고 기쁜 마음이 드는 건 변하지 않는 것 같다. 무척 힘들고 아쉬움이 많았던 날이지만 내가 성장하고 있다는 점을 배우고 느끼는 하루였다. 그리고 이렇게 성격도 다르고 관객도 다른 상영회들에 함께하면서 느낀 점들은, 이제 이 영화가 전 세계 영화제들에서 수상과 우리가 생각하는 Social Mobility(사회적 이동성)과 Economical Mobility(경제적 이동성)은 이제 우리가 성공하는 데는 큰 비전이 점점 없어진다고 봅니다. 학벌과 재력으로 성공을 예측할 수도 없고 또 성공한 사람들의 공통점은 좋은 외모나 물려받은 재력 그리고 IQ도 아니라고 봅니다. 성공한 사람들의 공통점은 내가 봤을 때 Passion, Optimism and Perseverance입니다. 열정, 긍정적인 마인드 그리고 노력……. 이 기본적인 단어들이 어렵게 들리겠지만 내가 무엇을 하던 그 순간이 행복하다면 나도 단거리 경주에서 이기는 것이 아니라 평생 할 수 있는 마라톤에서 우승하는 기법이라 생각합니다. Chris

 우진

단거리 경주가 아닌 마라톤……. 오랫동안 마라톤을 뛰면서 숨을 쉬고 가슴이 뛰는 그런 일을 저도 하고 싶어요. 제가 몇 살이 되든 경험과 노하우가 쌓이면서 즐기며 할 수 있는 일을 하고 싶어요.

노후대책이란 없다고 봅니다. 안전한 공무원 생활, 직장생활, 은퇴를 위한 적금이나 연금 등이 노후대책이라 생각하지 않습니다. 지금부터라도 내가 하고 싶은 일 원하는 일을 개척하고 발전시키면 평생의 마라톤을 뛰면서 일을 할 때 즐겁고 쉬고 싶을 때 더 여유가 따라온다고 봅니다. 나이는 숫자에 불과하고 은퇴란 말 대신 평생 행복하게 할 수 있는 일이 있다면 나는 현재 마라톤을 뛰고 있다고 봅니다. Chris

 😊 #

입선을 시작하며 정말 다른 사람들과 함께하고 있다는 점이 이 영화가 만들어지게 된 목적과 맞닿는 지점이라는 것을 절실히 느꼈다. 그리고 더 많은 사람과 상영회에서 이 영화를 보고 이야기를 나누며 공감할 수 있었으면 좋겠다는 생각을 했다. 벌써부터 아쉬워졌다. 이 이야기를 모르는 많은 사람이 함께 알고 공감하며 할머니의 말씀처럼 더 이상은 이런 역사가 되풀이되지 않기를 바라는 마음이다. 그리고 이제는 우리 위안부 피해자 할머니들이 하루라도 마음 편히 쉬실 수 있도록 돕는 것이 우리의 역할과 목표라는 생각이 들었다.

그런데 어떻게 해야 하지?
말은 쉽지만 정말로 어려운 과제다.

우진

대표님께서 그동안 하신 일들을 생각하면 그 열정
은 누구도 따라올 수 없는 거 같아요. ㅎㅎ 거대하
고 복잡한 건축 일부터, 게임 크리에이터로서 그
리고 여러 대학에서 강의도 하시고 영화 감독까
지…… 그 재능이나 열정으로 저의 영원한 멘토가
되어 주셨고 저도 저만의 1인 창조 기업을 위해 노
력할 것입니다.

사람들이 나를 부를 때 호칭들이 많이 달라요. 누
구는 대표님, 누구는 감독님, 누구는 교수님 등등
본인들이 닮고 싶고 가까이 가고 싶고 유리한 쪽으
로 호칭을 사용해요. 하지만 나를 뭐라고 불러도 Chris
고쳐주지는 않아요. 누가 나를 뭐라고 불러도 나
는 '프로듀서'에요. 남이 하지 않고 남이 원치 않고
남이 무시해도 내가 하고 싶은 거 내가 생각하고
실천하면서 내 행복을 얻은 것입니다.

우진

제가 대표님을 알게 된 지 4년이 되었고 많은 것을
체험하고 배우고 느낀 점이 많습니다. 누구나 성
공을 꿈꾸고 목표를 두고 있지만 그 의미와 실천에
대해 의심스러워하고 있는 사람들에게 그럼 결론
적으로 대표님께서 생각하시기에 무엇이 성공인가
요?

우진이는 지금 주머니에 얼마나 있나요?

Chris

➕ ☺ #

#26 L412, 노란문은 우리의 요람

(C-01) 오늘은 한예종의 또 다른 캠퍼스가 있는 서초동 예술의 전당 앞, 분위기 좋은 식당에 갔다. 오랜만에 오늘은 학교 동기이자 친구인 수빈이, 승연이와 학교 학생들로 이루어진 오케스트라 공연을 보고 늦은 저녁을 먹었다. 학교 일에만 지쳐있다가 오랜만에 공연의 감동과 여운으로 다들 들떴다.

"우리가 살면서 이런 훌륭하고 좋은 공연을 졸업하고도 평생 볼 수 있을까?"

하는 바람과 현실에 대한 고민들이었다.

이렇게 좋은 공연인데 우리만 보기에는 너무 아깝다고 생각했다. 그래서 이런 안타까움을 극복하기 위해 대화를 이어갔고 많은 의견 끝에 '우리가 한번 해보자!' 하면서 '기획자들의 그룹'인 L412를 만들자고 약속했다.

우리가 벌써 4학년이 되었고 곧 사회로 진출하기 이전에 남은 대학시절을 보다 의미있게 보내며 그동안 배웠던 것들과 보고 느꼈던 것들을 바탕으로 사람들과 공감하고 함께 행복할 수 있는 그런 공연들을 계속

우진

3만 원 정도…….

3만 원으로 뭐 할 수 있다고 생각해요?

Chris

우진

음……. 밥 사 먹고 커피 마시고 집에 가는 차비 하겠지요?

비행기 타고 외국 나가서 야경이 보이는 근사한 식당에서 밥 먹고 호텔 로비에서 금가루 뿌린 디저트 먹고 싶지 않나요?
Chris

우진

네! 당장은 아니지만 언젠간 그러고 싶어요.

지금은 왜 안 되나요?
Chris

우진

지금은 제 주머니에 있는 게……정확히 29,000원인데 어떻게 가요? 나중에 성공해서 돈을 많이 벌고…….

만들고 싶었기 때문이다.

비록 가난한 학생들이지만 이런 추억과 기억이 있어 마음만은 부자인 우리의 심장이 다시 뛰기 시작했다.

뭐 숨은 쉬고 사니까, 아직 심장이 뛴다는 것은 조금 그렇고 그냥 지쳐있는 우리를 위해 뭔가 도전한다는 의미다.

"L412, 연극원 412호." 정말 가슴이 뛰고 많은 의미가 담긴 이름이다.

학교를 한창 다닐 때, 정말 들어가기 싫기도 했던 강의실 노란문들…… 이제는 정이 들어서일까, 학교생활이 얼마 남지 않아서일까, 노란 문을 지나갈 때마다 정겹게 느껴진다.

우리가 4년동안 이제까지 같이 과제하고 일하고 밤도 새고 밥도 먹던 추억이 담긴 '과'방의 호수이자 전투 공간이었다.

함께 꿈꾸고 다들 학교에 다니며 느꼈던, 하던 일을 멈추고 하염없이 한 번만 가는 것도 아닌데 도대체 얼마나 모아야 하나요?

Chris

 어……. 글쎄요……. 나중에 돈을 모아서 여유 있을 때 언제든 가보고 싶어요.

우진

여유라는 말은 끝이 없어요. 사람의 욕심도 그렇고……. 나의 성공은 비행기를 타고 외국에서 야경을 보고 맛있는 저녁을 먹는 게 아니라, 비싸지 않아도 내가 먹고 싶은 것을 좋은 사람하고 좋은 분위기에서 어떻게 행복하게 맛있게 먹느냐입니다. 이 방법은 오늘도 내일도 바로 실천할 수 있다고 봅니다.

Chris

 오와……. 그렇게도 생각할 수 있겠네요. 하지만 그래도 욕심이 있다면 내가 노력한 만큼 더 여유 있게 더 좋은 환경에서 먹을 수 있는 자유가 있잖아요? 성공은 그래도 '부'와 '명예'로 말할 수도 있지 않을까요?

우진

성공은 '부'나 '명예'가 절대 아닙니다. 누구나 올라가면 언젠간 내려와야 하는 불안함도 있고, 없으면 걱정하고 있으면 항상 부족하고 없어질까봐 걱정하고 부의 끝은 없습니다.

Chris

Chatting

넋 놓고 리허설을 그리고 공연을 볼 수밖에 없었던 경험들, 예술학교에 다니면서 배우고 보고 듣고 그랬던 것들을 우리가 다른 사람들과 함께 나눌 수 있으면 좋겠다는 생각을 했던 곳이기 때문에 더욱 의미가 있는 이름이다.

그리고 우리 셋은 '새 비지니스'라는 수업을 같이 듣고 있는데, 이 수업에서 '새로운 것'을 기획하는 기획자가 되려면 우리는 이미 만들어져 있는 것들을 열심히 접할 뿐만 아니라 그걸 바탕으로 우리가 문화를 만들어가야 한다는 선생님의 이야기에 감명을 받고 동기부여를 받았기 때문이기도 하다.

우리 셋 모임은 이렇게 우연히 오늘 저녁 모임에서 결성되었지만, 공부와 예술과 문화 분야를 비롯한 사회의 트렌드를 공부하고 소개하는 블로그를 만들게 되었다. 2주에 한 번씩 모여서 주제를 정해 스터디도 하고, 한 달에 두 번은 각자 지역을 정해서 이슈를 소개하는 블로그 포스팅을 올리기로 약속하였다.

(B-18) 열정이 있다면 기회가 오는 것인가? 기회가 되어 열정이 생기는 것인가? 아직도 답이 없는 숙제이지만 우리가 무언가 시작하고 사람들에게 그걸 공유한다니 작은 우리가 어른이 되어간다는 기분도 들고 신기하다. 그리고 언젠가는 우리가 만드는 블로그가, 이 기획자 그룹이 새로운 문화 기획의 플랫폼이 되었으면 하는 목표를 같이 공유하기도 하였다. 언젠가는 수많은 사람에게 우리가 만든 것들을 보이고 호응을 받

성공은 돈이 많은 결과가 아니라 과정이고 지금 이 순간 내가 하고 싶어서 하는 것이 행복이고 바로 이것이 진정한 성공입니다.

1인 창조 기업은 사무실에서만 이루어지는 것이 아니에요. 어디서든 나 자신을 키우고 항상 노력해서 내 행복을 위해 노력하는 그 순간순간이 성공이라고 생각합니다.

비록 작은 우리 대한민국이지만 우리만의 언어, 전통, 문화 그리고 어떤 상황에서도 딛고 일어나는 국민성을 가진 국가로서 나 또한 같은 한국인으로서 자부심을 가지고 있어요. 보다 나은 환경과 희망적인 대한민국을 위해 우리 청소년과 청년들은 행복할 권리가 있다고 봅니다. 그런 희망적이고 행복한 미래를 위해 나의 창작과 1인 창조 기업이 작든 크든 뒤를 돌아볼 줄 알아야 하고 후회보단 아쉬움이 더 많은 날이 있기를 바라요.

Chris

저도 그런 날이 꼭 오기를 바라면서 열심히 도전할 거예요.

우진

그럼 우진이도 현재 성공하고 있나요?

Chris

• 채팅 끝 •

으면서 성장하는 거창한 행사들도 꿈꾸지만, 우리가 당장 할 수 있는 것부터 해보기로 한 것이다. 그게 바로 내 방에서 시작하는 블로그 만들기, 공부하고 이슈를 서로 나누고 알리기, 사람들과 소통하며 작은 것부터 기획하고 진행하기. 우리의 첫 프로젝트는 학교에서, 가까운 친구들부터 함께하고 아이디어를 나누고 발전시키자는 이야기를 하였다. 내년 4월 12일 우리를 알리는 프로젝트를 만들자고도 결심했다.

그리고 우리 여자 셋이 모여 남자 이야기, 드라마 이야기, 패션 그리고 메이크업 등으로 이야기를 늘어놓는 것이 아니라 직업병이라고나 할까, 예술을 좋아하고 여기에 관해 이야기하는 것을 사랑하는 너드^{nerd}가 되어있었다. 이렇게 정말 신나고 가슴 뛰는 순간을 함께할 수 있어서, 나 혼자서보다 더욱 다채로운 이야기를 나눌 수 있을 것 같다는 생각에 오늘은 너무 기분이 좋은 밤이다.

지금 내 눈 앞에 보이는 모든것을 적어보기

아침에 눈뜨면 제일 먼저 하고 싶은 것은?

이 책을 읽고 난 뒤 나의 행복지수? (1-100)

Chatting

#27 내 인생의 1막을 내리고

나는 어제 졸업했다.
드디어……

나는 어제 졸업했다!

어제 학교에서 제일 큰 극장에서 학사모와 가운을 입고 수많은 졸업생과 학부모님들, 교수님들 앞에 서서 총장님께 직접 졸업장을 받고 악수를 하고, 졸업 축하한다는 격려 말씀을 듣고 졸업을 했다.

졸업식을 마치고 가벼운 마음이지만 왠지 무거운 발걸음으로 집에 도착했고, 여유롭고 꿈만 같은 기분으로 잠을 잤다. 오늘도 분명히 같은 해가 떴지만 이전과는 정말 다른 느낌이었다. 왜인지 모르게 이제 나는 정말 끝냈구나 그런 생각이 들었다.

커피타임 잠깐의 내 생각

이 책을 읽고 유우진 작가님과 크리스 작가님에게 하고 싶은 말?
(사진을 찍어 페이스북으로 보내주시면 직접 답변을 해드립니다.)

To : Chris 작가님 (www.facebook.com/christopher.h.k.lee)

From :

Chatting

내 인생을 연극에 비유한다면, 스무 살 이후로 지난 6년 동안 학생으로서 정말 많은 일들을 겪었고 장문의 글을 쓰며 이제야 대학교를 졸업했는데 학교를 마치고 나니까 내 인생은 끝난 게 아니었고 바로 그 다음 막이 나를 기다리고 있었다. 이제까지의 1막을 내리고 한 사람의 어른으로서 사회로 이어가는 제2막, 3막……그리고 계속해서 이어질 나의 극을 준비해야 한다.

(B-17) 그동안 평범한 대학생인 나에게 그 누구도 해볼 수 없는 기회들로 다양한 경험을 쌓을 수 있게 도와주셨던 크리스토퍼 대표님과 함께했던 수많은 프로젝트 안에서 했던 좌충우돌 실수들, 이불을 박차고 일어나게 하는 창피한 사건들도 있었고 예정대로 실습보고서 진행을 하지 못해서 그 과정에서 지도교수님께 많은 염려를 끼쳐드렸다는 점이 나를 정말 괴롭게했던 적도 있다. 내가 항상 멘토로 생각하고 롤모델로도 생각하는 교수님(선생님)들과 대표님께 이런 기억을 남겼다니 모든 것을 지우고 처음으로 돌아가고 싶다는 생각을 하기도 했다.

하지만 후회와 반성 그리고 실수와 아쉬움들을 나 자신이 너무나 잘 알고 있기에 그만큼 내가 성장하고 있다는 현실에 지금 만족한다. 그런 부족함으로 후회가 되지만 너무나 감사한 멘토들이 나를 지켜 주실 것이고 또 나는 그런 실수들을 딛고 일어나야 할 것이다. 앞으로 써내려갈 내 인생의 2막은 지나온 과거들에 이어서 더 넓은 세상, 낯선 곳에서 새로 시작해 1인 기업으로서 더 많이 실패하고 그 속에서 배우며 쓰

To : 유우진 작가님 (www.facebook.com/artwoojin)

From :

여야 한다는 생각이 든다.

그동안 겪어온 수많은 경험과 추억들, 그리고 그 시간들을 함께 한 나의 새로운 멘토들과 친구들, 네트워크가 있기에 나는 아직도 마음 한 편이 불안하고 많은 것에 서툴러 고민하는 청춘을 살면서도 마음이 가 난하지 않고 행복하다. 너무나 부족하고 과분하지만 받은 것들을 나누 고 또 항상 새로운 것을 발견해나가는 마음으로 씩씩하게 나를 다잡을 것이다.

(E-04) 요즘 세상에 '행복'은 사치처럼 느껴진다고 할지라도 나는 내일 이 있어 오늘이 행복하고, 어제가 있어 오늘이 의미 있기에 나의 드라 마는 해피엔딩으로 만들어 갈 것이다. 그리고 내가 선택한 이 길에 있 어서 매일 두렵고 매일 무척이나 떨릴 것이지만 그 속에서 더 많은 소 중한 사람들을 만나고, 내가 부족한 부분들을 채워가며 아쉬운 실수와 후회들을 되짚고 곱씹고 결국엔 그것들을 과거로 보내고 승리하면서

Note

나는 조금씩 더 내 마음에 드는 내 모습을 만들어나가고 싶다. 그리고 앞으로도 그럴 것이다.

나는 그것이 '성공'이라 믿는다.

Show must go on!

Note

Note

2017년 03월 13일 초판 1쇄 인쇄 | 2017년 03월 17일 1쇄 발행

지은이 · Christopher H.K Lee, 유우진

펴낸이 · 김양수

편집 · 이정은

교정교열 · 염빛나리

일러스트, 캘리그라피 · 연분도련

펴낸곳 · 맑은샘 | 출판등록 · 제2012-000035

주소 · (우 10387) 경기도 고양시 일산서구 중앙로 1456(주엽동) 서현프라자 604호

전화 · 031-906-5006 | 팩스 · 031-906-5079

이메일 · okbook1234@naver.com | 홈페이지 · www.booksam.co.kr

ISBN 979-11-5778-196-6 (03190)

* 이 책의 국립중앙도서관 출판시도서목록은 서지정보유통지원시스템 홈페이지
(http://seoji.nl.go.kr)와 국가자료공동목록시스템(http://www.nl.go.kr/kolisnet)에
서 이용하실 수 있습니다.
(CIP제어번호 : CIP2017006537)
* 이 책은 저작권법에 의해 보호를 받는 저작물이므로 무단전재와 무단복제를 금지하
며, 이 책 내용의 전부 또는 일부를 이용하려면 반드시 저작권자와 맑은샘의 서면동
의를 받아야 합니다.
* 파손된 책은 구입처에서 교환해 드립니다.   * 책값은 뒤표지에 있습니다.